...isme

SĂ ÎNȚELEGEM STILURILE ARHITECTURALE

JEREMY MELVIN

rao

enciclopedia rao

Cuprins

ANTICHITATEA ȘI PERIOADA PRERENASCENTISTĂ

RENAȘTERE

MODERNISM TIMPURIU

MODERNISM

DINCOLO DE MODERNISM

REFERINȚE

Cuvânt înainte

Arhitectura este peste tot în jurul nostru. Legătura sa cu realitatea imediată ne afectează viețile subtil și profund (de exemplu când intrăm într-o clădire și circulăm prin ea), evocând amintiri, generând sentimente, idei și diverse asocieri.

Cu toate acestea, arhitectura este foarte variată, conform timpului, locului și contextului social în care a fost creată. Aceste variații ne ajută să încadrăm fiecare „tip" de arhitectură într-o categorie anume – *...ismele* de față, prin care descriem anumite perioade din istoria acestui subiect.

Lucrarea este un ghid simplu pentru înțelegerea celor mai importante *...isme* din arhitectură. Diferențele dintre ele își au originea în condiții fizice precum scopul pentru care o clădire a fost construită, climatul local și materialele de construcție disponibile. Aceste influențe au evoluat în convenții integrate culturii locale, generând adesea tradiții ce au rezistat în timp. Pe felurite căi, cum ar fi comerțul cu alte țări, aceste tradiții indigene au ajuns să influențeze culturi și societăți din alte părți ale lumii – așa cum europenii și-au dus arhitectura cu ei în colonii.

Dacă originile arhitecturii rezidă în nevoia omenirii de a-și crea un habitat potrivit, curând lucrurile au evoluat astfel încât arhitectura a devenit o modalitate de negociere și înțelegere a unor circumstanțe – prezentarea unei anumite imagini zeilor și elementelor naturale pe care aceștia le controlau –, caracteristici valabile și în zilele noastre: arhitectura ne poate ajuta în relaționarea cu vecinii, prietenii și oaspeții, precum și în definirea unui anumit loc în ierarhia socială.

Cartea de față vă va ajuta să înțelegeți unele dintre principalele curente arhitectonice, precum și conceptele și condițiile materiale și sociale care s-au aflat la baza curentelor respective. Cu toate că lucrarea nu furnizează informații atât de amănunțite încât cititorul să poată recunoaște cărui *...ism* aparține o clădire sau alta, ea descrie, în linii mari, cum anume folosesc arhitecții o particularitate estetică pentru a rezolva probleme de ordin practic și, în același timp, pentru a exprima idei.

Un *...ism* nu poate fi descris printr-o singură, simplă definiție. De exemplu, există arhitecți și clădiri care se regăsesc în mai multe *...isme*. În lucrarea de față am grupat aceste curente în cinci categorii de bază. Unele *...isme* au rămas relativ constante pentru perioade lungi de timp – vezi cazul *Confucianismului,* care reflectă mai degrabă consistența tradiției arhitecturale chineze și ordinea socială neschimbată, decât istoria politică modernă a Chinei. Altele, cum este *hinduismul,* acoperă perioade de timp similare, însă se referă mai mult la modul în care tradiția arhitecturală poate depinde de schimbare și adaptare. Există și *...isme* ce reflectă rapiditatea cu care ideile răsar în imaginația arhitecților (sau sunt adoptate de către aceștia), pentru a fi înlocuite apoi de alte *...isme* într-o decadă ori două. Nu în ultimul rând, *...ismele* pot coexista – cum este cazul *urbanismului monumental* și al *medievalismului,* aparent contradictorii, adresându-se însă acelorași provocări ale secolului XIX.

Înainte de jumătatea secolului XIX, arhitecții nu considerau că lucrările lor aparțin unui anumit *...ism*, nu erau conștienți de prezența curentelor arhitectonice, în ciuda diferențelor evidente dintre lucrări, precum și dintre mișcările pe care aceste lucrări le reprezentau. Începând cu 1830 însă, arhitectura a intrat sub influența politicului, iar alegerea stilului a devenit o opțiune ideologică. La începutul secolului XX, subscrierea la o anumită „mișcare" arhitecturală a devenit aproape obligatorie. Totuși, ulterior arhitecții au început din nou să opună rezistență acestei categorizări.

CELE 5 TIPURI DE ...*ISME*

1 TENDINȚĂ DE LARGĂ RĂSPÂNDIRE
(de exemplu umanism, neoclasicism)

TLR

Aici se înscriu cazurile în care mișcările culturale de anvergură au generat anumite curente în arhitectură sau, mai rar, cele în care un curent arhitectural a stabilit un nou standard cultural. Aproape întotdeauna ...*ismele* din această categorie au avut echivalente în alte domenii ale artei, iar între ele au existat schimburi intense. Chiar dacă nu toate au avut viață lungă, aceste ...*isme* au fost marcate de o răspândire largă, simultană, a ideilor similare.

2 CURENT DEFINIT DE ARHITECT
(de exemplu purism, structuralism)

CDA

Majoritatea curentelor din această categorie datează din secolele XIX și XX. Acestea au fost perioade în care arhitecții au acordat tot mai mare importanță autodefinirii, precum și definirii propriilor idei. Acolo unde a fost posibil, arhitecții și-au unit forțele cu alți confrați pentru a-și afirma valorile și convingerile – în defavoarea oricăror alte mișcări contemporane, precum și din trecut – adesea prin intermediul manifestelor. Chiar dacă erau caracterizate de o retorică elocventă, acestor ...*isme* le lipsea profunzimea intelectuală a ...*ismelor* tradiționale, mai puțin exact definite.

3 „ETICHETĂ" APLICATĂ RETROSPECTIV
(de exemplu protoclasicism, manierism)

EAR

Această categorie este o favoare făcută istoricilor pentru eforturile lor de a structura coerent ceea ce la vremea respectivă părea o adunătură de informații întâmplătoare. De exemplu, constructorii din Knossos nu s-au considerat, probabil, ca aparținând protoclasicismului. Pentru aceasta, ar fi trebuit ca însuși conceptul de „clasicism" să existe! E însă clar că practicile și convingerile lor au construit clasicismul, care în – și prin – variatele sale manifestări a fost cel mai influent stil arhitectonic. Astfel, aceste „etichete" aplicate retrospectiv sunt instrumente vitale pentru înțelegerea modului în care stilurile arhitectonice s-au întrețesut, s-au desfășurat și au evoluat.

4 REPREZENTAREA UNEI IDEOLOGII
(de exemplu pietism, totalitarism)

RI

Arta are posibilitatea de a exprima o ideologie, în mod mai mult sau mai puțin explicit. Totuși, relația dintre arhitectură și ideologie este unică, măcar pentru dimensiunile sale fizice: pentru arhitectură, manifestată prin rezulatul final, construcția, în mod evident cineva trebuie să plătească. Cu cât este mai mare lucrarea, cu atât e mai puternică persoana care a comandat-o și, în consecință, cu atât mai mare va fi preocuparea persoanei respective pentru afirmarea și promulgarea propriilor idei.

5 TENDINȚĂ REGIONALĂ SAU NAȚIONALĂ
(de exemplu shintoism, usonianism)

TRN

Până când tehnologia a făcut posibil transportul materialelor pe distanțe mari și modificarea climatului într-o clădire, arhitectura avea posibilități aproape infime de a evita conexiunile cu ambientul imediat. Interacțiunea dintre ideile și convingerile unei societăți, climatul și topografia, precum și materialele de construcție aflate la îndemână a avut adesea ca rezultat tradiții arhitecturale ușor de recunoscut, cel mai bine descrise ca tendințe regionale sau naționale. În secolul XIX, astfel de tradiții au fost strâns legate de întrebări importante privitoare la identitatea unei națiuni.

Structura acestei cărți

TLR Simbolurile sunt folosite pentru a face distincția între cele cinci tipuri de *...isme* subliniate anterior, astfel încât să puteți spune imediat dacă un *...ism* e o tendință de largă răspândire TLR, un curent definit de arhitect CDA, sau unul definit mai târziu de critici și istorici, adică o „etichetă" aplicată retrospectiv EAR, o reprezentare a unei ideologii RI sau o tendință regională/națională TRN.

INTRODUCERE

Prima secțiune a fiecărui *...ism* este o scurtă introducere în particularitățile acestuia, oferind un sumar al caracteristicilor sale.

ARHITECȚI-CHEIE

Este o listă a celor mai importante nume legate de *...ismul* în discuție. Datorită sărăciei informațiilor care au ajuns până la noi din perioada prerenascentistă, această rubrică a fost omisă în prima secțiune a cărții.

CUVINTE-CHEIE

Însumează conceptele de bază, stilurile sau orice alte chestiuni esențiale legate de *...ismul* respectiv. Cuvintele-cheie oferă un sistem de asocieri ce vă permite să înțelegeți un *...ism* dintr-o privire și să vi-l amintiți ușor.

DEFINIȚIA PRINCIPALĂ

Definiția principală explorează *...ismul* mai profund decât o face scurta introducere a acestuia, explicând semnificația, istoria și ideile sale, precum și tehnici sau caracteristici de stil care generează asemănări cu alte *...isme* sau, dimpotrivă, deosebiri față de ele.

CLĂDIRI ESENȚIALE

Fiecare *...ism* este ilustrat prin una sau două clădiri, alese astfel încât să exemplifice cât mai bine caracteristicile *...ismului* în cauză, cuvintele-cheie și definiția sa principală.

44 **Inventionism** EAR

Inventionism 45

Cercetarea și experimentarea au fost, în perioada timpurie a Renașterii, la fel de importante ca și accentul pus pe învățăturile epocii clasice. Acest spirit inventiv a contribuit la modificarea felului în care erau privite clădirile, de la tehnicile de construcție la funcționalitate și la înțelesurile simbolice pe care le puteau avea. Invenționismul, în arhitectură, a însemnat la fel de mult ca și apariția perspectivei în pictură.

FILIPPO BRUNELLESCHI (1377–1446), **LORENZO GHIBERTI** (1378–1455), **MICHELOZZO DI BARTOLOMEO** (1396–1472), **LEONARDO DA VINCI** (1452–1519)

inovație; experimentare; provocare; noutate; meșteșug

La începutul secolului XV, Florența era suficient de bogată cât să încerce ceea ce până nu demult fusese imposibil. Un simbol al acestei îndrăzneli, emblemă a întregii Renașteri florentine, este cupola construită de Filippo Brunelleschi deasupra catedralei orașului. Începută în 1296 în stil gotic, catedrala a ajuns, în 1418, să pună probleme mari constructorilor, datorită punctului uriaș de joncțiune (circa 40 metri) dintre nava principală și cele laterale. Brunelleschi, care aparținea breslei bijutierilor, studiase în amănunțime arhitectura vechiului Imperiu Roman. Pentru a duce la bun sfârșit demersul său arhitectonic, el a trebuit ca, plecând de la baza gotică, să folosească tehnici ingenioase de construcție pentru a termina ceea ce avea să devină, în 1436, cel mai mare dom al Europei. Multe dintre soluțiile alese de Brunelleschi au fost subiect de controverse, însă succesul său a arătat că noile metode de construcție, chiar dacă empirice, pot produce rezultate care până atunci ar fi părut imposibile.

Brunelleschi a aplicat disciplina clasicismului la problemele cu care s-a confruntat, experimentând ingenios. Ospedale degli Innocenti, construit între 1419–1424, denotă o și mai mare apropiere de standardele clasicismului decât Loggia dei Lanzi, de exemplu, construită de el în tinerețe, în timp ce San Lorenzo și Santo Spirito adaptează clasicismul la planul tradițional al unei biserici gotice. Prietenii lui Brunelleschi, Masaccio și Donatello, au redefinit pictura și sculptura, iar discipolul său Michelozzo di Bartolommeo (cunoscut drept Michelozzi Michelozzo) a creat precedentul palatelor renascentiste în Palazzo Medici (1444–1459), introducând noțiuni precum ordine și simetrie în cel mai important tip de construcție renascentistă, palatul.

Tradiția experimentării și a cercetării științifice a continuat în Renaștere, împreună cu interesul pentru învățăturile clasicismului, culminând cu cercetările lui Leonardo da Vinci în domenii precum zborul sau corpul omenesc. Carnetele sale de notițe conțin unele dintre cele mai timpurii studii asupra a ceea ce avea să devină emblema perioadei renascentiste: planurile unei biserici.

CONSTRUCȚII-CHEIE

← **Basilica di Santa Maria del Fiore (Catedrala din Florența), Italia, FILIPPO BRUNELLESCHI, 1418–1436**
Domul lui Brunelleschi nu domină doar catedrala, ci și întreg orașul și valea râului Arno. Până atunci, nimeni nu mai construise ceva de o asemenea anvergură, însă inovațiile lui Brunelleschi în privința tehnicilor și echipamentelor de construcție, pe baza cunoștințelor sale empirice despre arhitectura romană și gotică, au dus la rezultate uimitoare.

↓ **Palazzo Medici, Florența, Italia, MICHELOZZO DI BARTOLOMMEO, 1444–1459**
Medici, o familie aristocrată de neguston și bancheri care a guvernat Florența în secolul XV, a introdus un concept urbanistic complet nou prin construirea acestui palat. Până atunci, oligarhiile urbane trăiau în aglomerări dezordonate de clădiri ale căror dimensiuni proclamau puterea și prestigiul de care se bucurau. O construcție de tipul acestui palat era din multe puncte de vedere mai puțin practică, însă dădea posibilitatea etalării bogăției și autorității prin prisma învățăturilor umaniste, clasice, mai degrabă decât prin dimensiuni.

ALTE CONSTRUCȚII
în Italia
Loggia dei Lanzi – Florența (1376–1382); Ușile baptisteriului din Florența (LORENZO GHIBERTI, 1401–1424); Ospedale degli Innocenti – Florența (FILIPPO BRUNELLESCHI, 1419–1424); Capela Pazzi – Florența (FILIPPO BRUNELLESCHI, 1429–1446); Santo Spirito – Florența (FILIPPO BRUNELLESCHI, 1445–1482)

raționalism structural, neoclasicism, umanism, idealism, gotic scolastic

medievalism, baroc; rococo

ALTE CONSTRUCȚII

Venind să îmbogățească lista clădirilor esențiale, celelalte construcții menționate sunt o la fel de bună ilustrare a *...ismului* în cauză și, unde e posibil, sunt situate geografic aproape unele de celelalte – pentru a explora un *...ism* într-o singură vizită.

...ismele interrelaționează adesea. Cele din categoria „Vezi și..." prezintă o afinitate – fie că e o tehnică sau o idee – cu *...ismul* în cauză...

...ismele sunt adesea în opoziție, incompatibile din punct de vedere al tehnicilor sau ideilor, excluzându-se unul pe altul. *...ismele* menționate la categoria aceasta sunt, să zicem, pe altă frecvență decât *...ismul* în discuție.

Alte elemente componente

GLOSAR AL CLĂDIRILOR

Listă alfabetică a clădirilor menționate în carte, cu locațiile, datele și *...ismele* pe care acestea le exemplifică cel mai bine. Lista nu este una exhaustivă și este departe de a acoperi toate bogățiile arhitecturale ale țărilor respective.

GLOSAR AL ARHITECȚILOR

Arhitecții identificați ca fiind nume-cheie pentru *...ismele* discutate sunt trecuți în ordine alfabetică, pentru a putea fi găsiți mai ușor. Indicele include și date biografice, cum sunt data nașterii și a morții arhitectului (acolo unde sunt cunoscute), precum și *...ismul* (sau *...ismele)* cu care lucrările acestui se identifică cel mai bine.

GLOSAR DE TERMENI UTILI

Lista termenilor tehnici folosiți pentru a defini *...ismele*, precum și termeni generali cu care este posibil să vă confruntați când vizitați o clădire sau când citiți despre ea în altă parte.

REPERE TEMPORALE

Acestea arată durata de viață a *...ismelor* descrise în lucrare. Veți observa că *...ismele* considerate tendințe regionale sau naționale au cea mai mare durată de viață. Una dintre explicațiile acestui lucru constă în faptul că aceste *...isme* sunt parte a felului în care o anumită cultură se adaptează climatului și geografiei în care s-a stabilit, iar aceste „reacții" prind rădăcini în tradițiile acelei culturi. Chiar și când adoptă o schimbare, aceasta tot va avea o puternică încărcătură de structură socială și identitate națională. Tot astfel, tendințele de largă răspândire evoluează, de obicei, în ritmul schimbărilor sociale. Este evident că *...ismele* din ambele categorii menționate mai sus au durate de viață mai lungi decât cele definite de arhitecți cu un scop anume. *...ismele* care reprezintă anumite ideologii pot fi de lungă sau de scurtă durată, în funcție de perioada de timp în care acea ideologie se manifestă. Uneori, aceste *...isme* pot apărea din nou după un timp, însă acest lucru nu implică și o revigorare a stilului original. Tot astfel, istoricii sau criticii pot folosi un termen nou pentru a defini un subiect de studiu și a-l identifica în raport cu mișcările contemporane, dar și cu cele imediat anterioare și ulterioare.

LOCURI DE VIZITAT

O listă cu sugestii de locații (aproximative) unde pot fi găsite exemple ale unor anumite *...isme*. Nici această listă nu este exhaustivă, ci mai degrabă o selecție a stilurilor arhitectonice pe care vizitatorul se poate aștepta să le găsească în marile orașe ale lumii.

I

ANTICHITATEA ȘI PERIOADA PRERENASCENTISTĂ

În ciuda unor similarități de tipul surplusului de mâncare – în general depinzând de elementele naturii –, civilizațiile timpurii au apărut și s-au dezvoltat izolat unele de altele, dezvoltând caracteristici diferite. Totuși, civilizațiile din Orientul Mijlociu erau atât de apropiate, încât au început să interacționeze foarte devreme, acceptând influențele clasicismului elen și totodată contribuind la formarea acestuia.

monumental; conservare; comemorare; munca sclavilor; civilizație

În mileniul II și III î.Hr., condițiile climatice și prezența râurilor ce străbăteau vechiul Orient Mijlociu au furnizat stabilitatea necesară dezvoltării a numeroase civilizații. Dintre acestea, cea mai influentă și mai durabilă a fost în Egipt, unde ambele maluri ale Nilului erau deopotrivă fertile, datorită inundațiilor. Oamenii s-au stabilit acolo foarte devreme, iar artefactele lor au devenit tot mai sofisticate până când, la începutul mileniului III î.Hr., au ridicat structuri ce pot fi văzute și în zilele noastre – fie construcțiile, fie ruinele lor. Cele mai importante rămân mormintele și templele, care reflectă fundamentul teocratic al vechiului Egipt. Evoluția acestor creații furnizează informații și despre felul cum s-a modificat balanța puterii, între regi și preoți.

Cele mai cunoscute monumente egiptene, piramidele, au „crescut", de la primele astfel de construcții, la începutul mileniului III î.Hr., până la Marea Piramidă de la Gizeh, terminată pe la 2500 î.Hr. Aceste morminte regale simbolizau trecerea faraonului de la viața pe pământ la cea divină. După anul 2000 î.Hr. au apărut numeroase temple, cum este cel al lui Amon, de la Karnak. Construit de-a lungul a sute de ani, sub domniile succesive ale unui întreg șir de regi, templul lui Amon este un monument simbolizând mai degrabă o evoluție a convingerilor, și nu un rege anume. Prin folosirea unor elemente decorative inspirate din natură (bunăoară frunzele ce ornează coloanele), dar având și o semnificație simbolică, monumentele vechiului Egipt sunt o prevestire a clasicismului. Dar predominanța monumentelor funerare a dus la o asociere – populară în secolul XIX – a acestui stil cu moartea.

Urme ale unor civilizații la fel de vechi au fost găsite în Mesopotamia, acolo unde cele două râuri principale, Tigru și Eufrat, și afluenții lor au făcut posibilă apariția a numeroase state mici care nu au atins, însă, nivelul de unitate sau de continuitate al Egiptului. Numeroase clădiri au fost construite din cărămizi arse la soare, însă arhitectura lor monumentală, marcată prin volume uriașe și ziduri masive, a început să „poarte" la exterior decorațiuni sofisticate. Ulterior, din secolul IV î.Hr. (la fel ca și Egiptul), interacțiunile dintre aceste civilizații și cea elenă au devenit tot mai importante.

CONSTRUCŢII-CHEIE

↑ **Piramidele de la Gizeh, în apropiere de Cairo, Egipt, cca 2631–2498 î.Hr.**

De la stânga la dreapta: piramidele lui Mikerinos, Kefren și Kheops. Probabil cea mai faimoasă, însă în mod sigur cea mai mare din ansamblul de la Gizeh, piramida lui Kheops are aproape 150 m înălțime. Cele trei structuri impresionante au fost construite pentru a adăposti rămășițele pământești ale faraonilor respectivi, iar modul în care au fost construite subliniază credința egiptenilor în viața de după moarte. Piramidele sunt orientate conform punctelor cardinale, fiecare față este un triunghi echilateral, iar aranjarea lor reflectă principalele constelații cerești.

← **Poarta zeiței Ishtar, Babilon, Mesopotamia, cca 605–563 î.Hr.**

„Oamenii vor privi cu uimire", scria Nabuccodonosor al II-lea despre Poarta zeiței Ishtar – parte a eforturilor sale de reconstrucție a cetății Babilonului. Fațada acestei construcții masive este ornată cu cărămizi glazurate ce o evocă pe zeița egipteană a războiului și a sexualității neînfrânate, Ishtar, alături de animalul său sacru, leul.

ALTE CONSTRUCŢII

în Egipt

Piramida în trepte a lui Zoser – Saqqara (2778–2723 î.Hr.); Piramidele de la Dahshur ale faraonului Seneferu (Piramida Roșie și Piramida Înclinată – cca 2600 î.Hr.); Sfinxul – platoul de la Gizeh (cca 2800 î.Hr.); Marele Templu al lui Amon – Karnak (1530–323 î.Hr.); Templul de la Luxor (1408–1300 î.Hr.)

în Mesopotamia

Ziguratul și incinta de la Ur, reconstruite în 2125 î.Hr.; Orașele Ashur, Nimrud și Khorsabad (1250–700 î.Hr.)

protoclasicism; arhitectură precolumbiană; hinduism; confucianism; sublim

gotic scolastic; rococo; neoclasicism; raționalism

Timp de multe mii de ani, arhitectura indiană a evoluat datorită interacțiunii dintre tradițiile indigene, locale, și influențele venite din exterior. Succesiunea culturilor a dovedit o abilitate remarcabilă de a adopta ideile unei tradiții și a le adapta pentru a satisface nevoile alteia. Toate acestea au avut ca rezultat o extraordinară diversitate ce jalonează bogata istorie culturală a subcontinentului.

sinteză culturală; zidărie; hinduism; budism; Islam

Așa cum este normal pentru un subcontinent foarte mare și dens populat, arhitectura din India variază mult în funcție de regiune, prezentând urme ale numeroaselor influențe la care a fost supusă. Râul Indus, din Pakistanul de astăzi, a adăpostit una dintre cele mai vechi civilizații de pe Pământ, de la mijlocul mileniului III î.Hr. până la începutul mileniului II î.Hr. Aici s-au dezvoltat așezări urbane de dimensiuni mari, ale căror urme au rămas atât în zona văii râului, cât și în a afluenților săi. Din păcate, mărturiile scrise sunt puține și greu de descifrat. Ulterior (și cu o intensitate crescută începând din secolul IV î.Hr.), arhitectura indiană a dovedit o abilitate remarcabilă de a încorpora influențele străine, evoluând printr-un proces de adaptare al ideilor noi la obiceiurile indigene.

Acest lucru este deosebit de evident în construcțiile cu caracter religios. Hinduismul, cea mai veche dintre religiile indiene, a devenit, din practică religioasă bazată pe sacrificii, una a devoțiunii, a venerației. Inițial, arhitectura construcțiilor religioase deriva din obscure formule matematice cunoscute doar de înalții membri ai clerului. Budismul și jainismul au apărut ca reacții împotriva acestei teocrații, așa că practicile lor religioase aveau nevoie de o nouă arhitectură. Budismul a introdus venerația congregațională, care avea nevoie de alt gen de spații decât devoțiunea individuală practicată de hinduism; de asemenea, au apărut *stupa* (sau *tope)* – altare ce adăposteau rămășițele pământești (cenușa) celor care atinseseră țelul suprem al budismului, iluminarea. Împlinirea acestor necesități de ordin practic a furnizat motivația pentru a accepta influențele venite din Persia sau chiar pe cele elene, ajunse în India prin Alexandru cel Mare, în secolul IV î.Hr.

Din secolul XII d.Hr., această caracteristică a evoluției arhitecturii indiene s-a manifestat pregnant. Pe lângă „prevederile" islamice privitoare la reprezentările naturii, care au un efect profund asupra decorațiunilor, tendința de integrare a practicilor religioase în tradiția arhitecturală a continuat să se manifeste. În noua sa capitală, Fatehpur Sikri (1569–1580), împăratul Akbar a reușit să combine decorațiunile islamismului, ale budismului, ale hinduismului, ba și pe cele gotice, într-o unitate simbolică. Nepotul său, șahul Jehan, a construit Taj Mahalul – monument care însumează caracteristici ale arhitecturii indiene și islamice.

CONSTRUCȚII-CHEIE

↑ Taj Mahal – Agra, India, 1630–1653

O viziune strălucitoare, construcția placată cu marmură albă și cu incrustații de pietre colorate, înconjurată de grădina sa, este un tribut adus de șahul Jehan soției sale favorite, Mumtaz Mahal. Cel mai mare dintre mormintele Mughalului, Taj Mahalul este cea mai cunoscută operă arhitecturală indiană și, totodată, întruchiparea capacității acesteia de a încorpora armonios felurite tradiții și influențe.

← Mawa Mahal – Jaipur, Rajasthan, India, 1799

Parte integrantă a palatului maharajahului, această structură este cunoscută și sub numele de „palatul vânturilor". Deși construit pentru a fi folosit de un prinț hindus, *jali* – ornamentele dantelate – sunt de fapt o inovație. Scopul principal al acestui tip de decorațiune era de a permite și de a accelera mișcarea aerului în interiorul clădirii, fără a îngădui accesul privirilor indiscrete din exterior – ceea ce o făcea mai potrivită pentru apartamentele femeilor.

ALTE CONSTRUCȚII

în India

Mohenjaro-daro și Harappa – valea râului Indus (mijlocul mileniului III î.Hr.); Qutb Minar – Delhi (1199); Fatehpur Sikri – Agra (1569–1580); Mormântul lui Humayun – Delhi (1585); Palatul de chihlimbar – Rajasthan (1623–1668); Janta Manta – Jaipur, Rajasthan (1726–1734)

indo-khmerism; confucianism; islamism; regionalism

neoclasicism; corporatism

Protoclasicism

Privită inițial ca o civilizație misterioasă, închisă, fără legături cu culturile învecinate, cultura minoică este considerată acum, pe baza unor dovezi covârșitoare, precursoarea clasicismului elen. Arhitectura minoică din insula Creta, dar și cea miceniană, din Grecia peninsulară, chiar dacă diferite, au evoluat împreună, unite fiind de o mitologie și de o limbă comună.

zidărie; mormânt; apărare; oraș-stat

În anii 1950, Michael Ventris a descoperit că inscripțiile găsite pe numeroase tablete în palatul din Knossos, Creta, erau scrise într-un dialect timpuriu din Grecia antică. Acest lucru a deschis calea către noi interpretări ale diferitelor culturi est-mediteraneene anterioare clasicismului elen, dovedindu-se că aceste culturi au și fost rădăcinile sale. De menționat sunt Knossos și Micene, al căror apogeu a fost mijlocul mileniului II î.Hr. Unele aspecte ale istoriei și civilizației lor au supraviețuit în *Iliada* și în *Odiseea* lui Homer.

Relația dintre construcții și decorații, precum și scopul acestor clădiri protoclasice diferă prin mai multe aspecte de cele ale construcțiilor clasicismului elen. Principalele vestigii sunt complexele rezidențiale (palatele), citadele fortificate care au evoluat pe parcursul a lungi perioade de timp. Înăuntrul lor găsim spații distincte, închise sau deschise, accentul fiind pus mai mult pe interior decât pe aspectul exterior, ca în cazul clădirilor aparținând clasicismului elen. Planurile construcțiilor satisfac mai degrabă nevoi de ordin practic decât să urmeze tipare geometrice abstracte. Construcțiile sunt, în general, acoperite cu o simplă tencuială, iar cea mai întâlnită formă de decorațiune este pictura interioară. Totuși, în afară de indiciile referitoare la folosința dată camerelor respective, decorațiunile au prea puțină legătură cu arhitectura sau cu construcția în sine – cu excepția Porții Leilor, din Micene. Aici, o uriașă piatră sculptată înfățișând doi lei este așezată deasupra intrării, reper simbolic ce dă, poate, o semnificație rituală sau mistică unui element important al clădirii, cum este intrarea. Chiar dacă într-o formă brută, această Poartă a Leilor vestește echilibrul dintre construcție, decorațiune și funcționalitate întâlnit în clasicism.

CONSTRUCȚII-CHEIE

← **Palatul regelui Minos – Knossos, Creta, Grecia, înainte de 1400 î.Hr.**

Așa-numita civilizație minoică din Creta a fost o precursoare a clasicismului elen, așa cum s-a demonstrat prin descifrarea Linearului B de pe inscripțiile într-o formă arhaică de greacă veche din palatul de la Knossos. Prezentând și influențe egiptene, palatul marchează un punct important de încrucișare a civilizațiilor est-mediteraneene.

↑ **Poarta Leilor – Micene, Grecia, cca 1250 î.Hr.**

Cu circa 800 de ani înainte ca clasicismul elen să atingă apogeul, citadela de la Tirint ne oferă câteva indicii privitoare la dezvoltarea zonei. Poarta Leilor este o construcție simplă, masivă, din zidărie neornamentată, impresionând doar prin leii sculptați în piatra așezată pe uriașul buiandrug de deasupra intrării. Acest „panou" decorativ va deveni o caracteristică importantă a arhitecturii elene de mai târziu.

ALTE CONSTRUCȚII

în Grecia

Palatul din Phaestos – Creta (secolul XV î.Hr.);
Tezaurul lui Atreu – Micene (cca 1300–1200 î.Hr.)

preclasicism; clasicism elen; clasicism; sublim

gotic scolastic; rococo

Pornind de la realizările civilizației grecești, clasicismul elen a atins un nivel înalt de rafinament al expresiei arhitectonice. Cel mai important poate fi considerat modul în care acest curent a îmbinat fenomenele obișnuite, cum ar fi gravitația, cu descrieri ale unor scene din mitologie – asociere ce a consolidat ideea că sistemul de credințe și convingeri al societății era ancorat în realitate.

ordine; proporție; construcție cu buiandrugi; entasis; așezare; polis; sacrificiu; ritual

Deși existau construcții mai mari și realizări mai impresionante arhitectural atunci când a fost ridicat Parthenonul, la mijlocul secolului V î.Hr., nici una nu a avut puterea simbolică, intelectuală și culturală a acestuia. Clasicismul elen a captivat aproape toate generațiile care au urmat, inaugurând o tradiție ce a durat circa 2 500 de ani. Parthenonul demonstrează că dimensiunile și inovația tehnică, deși importante, nu sunt suficiente pentru a conferi un statut de excepție unei opere arhitecturale, și că pentru a obține un astfel de statut o construcție trebuie să interacționeze cu intelectul și cu emoțiile omului.

Cheia arhitecturii grecești sunt cele trei ordine – doric, ionic și corintic. Originile acestora se pierd în ceața mitologiei, însă

ALTE CONSTRUCȚII

← **Parthenon – Atena, Grecia, IKTINOS, 447–432 î.Hr.**
Poate că formula clasică a templului cu coloane la exterior și cu câte un fronton la fiecare capăt își are originile în construcțiile primitive, însă în secolul V î.Hr. această formulă devenise extrem de sofisticată. Pe lângă asocierile simbolice, fiecare element reflectă funcția pe care o are, iar forma sa este astfel gândită încât să corecteze iluziile optice.

construcțiile se bazează pe reguli precise privitoare la proporții și ornamentare – ceea ce înseamnă că pot furniza informații privitoare la tradițiile culturale, fiind și subiect de disciplină intelectuală. Există mai multe amănunte ce demonstrează această caracteristică – de exemplu, la mijloc coloanele sunt ușor umflate înspre exterior, ca și cum ar fi strivite pe măsură ce se înalță din bază, înainte de a se ascuți către vârf, exprimând astfel funcția de susținere. În mitologie, doricul reprezintă un bărbat, în timp ce ionicul reprezintă o femeie matură, iar corinticul – o tânără fecioară. Și iată cum regulile de construcție (și tradițiile) transformă un fenomen simplu cum este gravitația într-o descriere a condiției umane.

Chiar dacă elementele definitorii ale celor trei ordine sunt diferite, există un echilibru între realitate și iluzie care le este comun tuturor. De exemplu, friza dorică de la Parthenon este presărată cu triglife și metope – primele sunt reprezentări stilizate ale capetelor unor bârne și fac referire la construcția originală, din lemn, iar cele din urmă sunt plăci sculptate sau pictate cu reprezentări ale unor scene din mitologie.

ALTE CONSTRUCȚII

în Grecia

Olimpia (din anul 590 î.Hr.); Corint (începând cu anul 540 î.Hr.); Delphi (începând cu anul 510 î.Hr.); Thesion (Hephaestion) – Atena 449–444 î.Hr.; Templul zeiței Nike Apteros – Atena (427 î.Hr.); Erechteion – Atena (421–405 î.Hr.)

în Italia

Templele de la Selinunt – Sicilia (550–450 î.Hr.); Templele de la Paestum – lângă Napoli (530–460 î.Hr.); Templele de la Agrigent – Sicilia (510–430 î.Hr.); Templul de la Segesta – Sicilia (424–416 î.Hr.)

protoclasicism; clasicism roman; neoclasicism; shintoism

clasicism creștin; gotic scolastic; indo-khmerism

↑ **Teatrul grec din Segesta – Sicilia, Italia, secolul III î.Hr.**
Teatrul i-a ajutat pe grecii antici să ajungă la un compromis cu forțele naturii, așa încât construirea unui teatru era la fel de importantă ca și piesele care se jucau în el. Terasele curbate, cu scaunele lor de piatră, concentrate asupra scenei sunt tipice și au rezultate bune pentru reprezentațiile teatrale. Chiar dacă teatrul e de mici dimensiuni, cu un diametru de doar 63 de metri, legătura simbolică dintre dramele umane și natură este evidentă.

Confucianism

Arhitectura este una dintre caracteristicile care au unificat cultura Chinei, prezentând prea puține variații în ciuda distanțelor mari și a diferențelor de climă și relief – stabilitate datorată în mare parte accentului pus de confucianism asupra ordinii morale și sociale.

ordine; armonie; cosmos; autoritate; venerarea strămoșilor

Filozofia confucianistă prețuiește ordinea și ierarhia mai mult decât orice, iar influența foarte puternică pe care a exercitat-o asupra culturii chineze, de-a lungul a mai multe milenii, a contribuit la menținerea unei omogenități remarcabile pe un teritoriu foarte vast și bine populat. Efectele pe care confucianismul, ca filozofie, le-a avut asupra arhitecturii sunt evidențiate de continuitatea construcțiilor din diferite epoci, reflectând sistemul aproape neschimbat de valori și convingeri, precum și de felul în care forma clădirilor și planificarea urbanistică exprimă cosmologia confucianistă. Fiecare punct cardinal are o semnificație mitică, ce contribuie la stabilirea funcțiilor acestora în raport cu celelalte și constituie baza de plecare pentru *feng shui*.

Ierarhia și cosmologia confucianiste sunt unitare în credința că împăratul e fiul cerurilor și trebuie să fie ascultat fără crâcnire. Astfel, confucianismul dă o mare importanță templelor, palatelor și, mai ales, structurilor care simbolizează legătura dintre cer și pământ. De la simple clădiri individuale până la orașe întregi, este evident că toate se supun acelorași principii de bază privind regularitatea și ordinea. În afara orașelor, în peisajul atât de variat și relieful adesea accidentat, podurile construite peste numeroasele râuri sunt dovada existenței unei comunicări între diferitele părți ale imperiului.

Acoperișul este cel mai important element în arhitectura chineză, adesea fiind extrem de elaborat și cu streșini impresionante, întoarse în sus și bogat ornamentate. Cum prima era construită cornișa, aceasta determina poziționarea coloanelor. Cel mai folosit material de construcție era lemnul, la care se adăugau cărămizile, plăcile de ceramică și – acolo unde se găsea, iar distanța făcea posibilă aprovizionarea – piatra. În secolul XVIII, când călătorii europeni au început să viziteze regulat China, combinația dintre clădirile atât de exotice și peisajele dramatice a devenit o importantă sursă de inspirație pentru noi idei de ordin estetic.

Stabilitatea socială și politică a permis Chinei să „absoarbă" influențele din exterior, dintre care budismul a fost cea mai importantă. În plus, schimburile comerciale – și mai ales comerțul cu mătase – au permis Chinei contactul timpuriu cu Europa. Orice nu putea fi „absorbit" era considerat barbar; această dorință de a ține barbarii departe a dus la apariția celei mai mari construcții chinezești – Marele Zid, lung de 2 260 km, construit în etape succesive începând cu anul 214 î.Hr. pentru a proteja frontiera de nord a Chinei.

CONSTRUCȚII-CHEIE

← **Marele Zid Chinezesc, din 214 î.Hr.**

Întinzându-se de-a lungul a 2 260 km și urmând relieful frontierei de nord a vechiului imperiu chinez, Marele Zid nu este numai o întreprindere de anvergură, ci și o puternică linie de demarcație între civilizație (China) și barbarie (restul lumii), din necesitatea de a păstra o ordine strictă în interiorul granițelor imperiului, indiferent ce s-ar fi întâmplat dincolo de ele.

↓ **Templul Cerurilor – Beijing, China, 1420**

Acest complex de clădiri era locul în care împăratul intra în legătură cu Cerul, creând o conexiune simbolică de natură a consolida ordinea socială propovăduită de confucianism. Sala circulară de rugăciune (în dreapta) este tipică deopotrivă pentru construcțiile și simbolistica Chinei, cele douăzeci și opt de coloane simbolizând 28 de constelații, precum și lunile și perioadele din zi.

ALTE CONSTRUCȚII

în China

Pagoda de Sud – Fang Shan, Hopei (117 d.Hr.)
Pagoda gâștei sălbatice – Ch'ang-Ang, Shensi (701–705 d.Hr.); Palatul Imperial – Orașul Interzis, Beijing (1407–1420)

hinduism; indo-khmerism; shintoism; exotism

clasicism elen; gotic scolastic

Clasicism roman

Romanii aveau sacina de a administra un imperiu vast, așa că, deși aveau multe în comun cu grecii, societatea lor, în mod inevitabil, a devenit mai complexă și a avut nevoie de o mai mare varietate de construcții, în diferite locații, îndeplinind mai multe funcții.

imperiu; putere; boltă; dom; interior

Exceptând folosirea acelorași ordine – ionic, doric și corintic – arhitectura romană este foarte diferită de cea grecească. În timp ce orașele grecilor erau adesea stabilite avându-se în vedere un potențial simbolic, cele ale romanilor derivau din așezarea unei tabere militare. În ce privește construcția și ornamentele, cele două arhitecturi diferă și mai mult. Arhitectura romană a introdus bolta ca element de construcție, și ulterior domul, ceea ce a făcut posibilă apariția a noi tipuri și dimensiuni de spații. Acest lucru a deschis calea către clădiri cu combinații complexe de spații, cum sunt termele lui Caracalla și vila lui Hadrian.

Arhitectura romană combină caracteristicile ordinelor cu o dezinvoltură ce i-ar fi șocat pe greci, zguduind din temelii viziunea lor statică. De exemplu, planul Colosseumului, structură vastă pe care grecii nu ar fi putut-o gândi niciodată, este un oval ale cărui rânduri de locuri sunt construite, fiecare, conform unui ordin – de la doric la ionic și apoi la corintic, cu adăugarea celui de-al patrulea, așa-numitul ordin compus. Primele trei rânduri de jos combină jumătățile de coloană cu arcadele.

Ca entitate administrativă mai complexă, mai durabilă și acoperind o arie mai mare decât orașele-stat ale Greciei, Imperiul Roman a avut nevoie de mai multe tipuri de clădiri și a avut de înfruntat provocări inginerești majore – cum ar fi construirea drumurilor și transportul apei. În plus, clădirile care trebuiau să

marcheze diferite evenimente și ritualuri – precum arcul de triumf, pentru celebrarea victoriilor imperiului – trebuiau și ele să fie create, gândite.

Pe scurt, arhitectura imperiului a pierdut relația strânsă, bine pusă la punct, dintre natură, societate și mitologie la care clasicismul elen a ținut atât de mult, însă, în formele și manifestările sale libere, a demonstrat cât de ușor se poate adapta clasicismul la scopuri și cerințe diferite, ale unor societăți variate.

CONSTRUCȚII-CHEIE

← **Colosseum – Roma, Italia, 70–82 d.Hr.**

Un oval vast de aproape 200 de metri lungime, înconjurat de un perete constituit din optzeci de arcade de dimensiuni uriașe, Colosseumul putea primi 50 000 de spectatori, pe lângă fiare sălbatice, gladiatori și victime. Construcția complexă, adaptarea ordinelor clasice și integrarea lor în sistemul de arcade – toate arată gradul de sofisticare, de monumentalitate atins de arhitectura romană, în parte și pentru a consolida faima și puterea imperiului.

↑ **Vila lui Hadrian – Tivoli, Italia, 124 d.Hr.**

Arhitectura romană reflecta cât de eterogen era imperiul, iar vila lui Hadrian a căutat să reproducă diferitele tradiții ale acestuia, constituindu-se oarecum într-un index al lumii cunoscute. Diferitele părți ale construcției sunt alăturate mai degrabă în funcție de topografia locului, și nu urmând un anume aranjament, iar construcția de pe insulă e înconjurată de încăperi cu forme diferite, toate unite prin intermediul colonadei centrale circulare.

ALTE CONSTRUCȚII

în Italia

Teatrul lui Marcellus – Roma (21–13 î.Hr.); Pompei – distrus în 79 d.Hr.; Arcul lui Titus – Roma (82 d.Hr.) Pantheonul – Roma (118–126 d.Hr.); Templul zeiței Vesta – Roma (205 d.Hr.); Termele lui Caracalla – Roma (211–217 d.Hr.); Forul – Roma (secolul I î.Hr. – secolul IV d.Hr.)

clasicism elen; clasicism creștin; sublim

shintoism; gotic scolastic

Arhitectură precolumbiană

TRN

America precolumbiană adăpostea mai multe civilizații pe care cuceritorii europeni le-au distrus, însă urmele lor au rămas până azi. De-a lungul secolului trecut, prin interesul tot mai mare față de valorile lor culturale, laolaltă cu descoperirile arheologice, aceste civilizații au exercitat o anume influență asupra arhitecturii de azi.

monumentalitate; ritual; sacrificiu; cosmologie

Pe continentul american s-au dezvoltat cel puțin două tradiții arhitecturale înainte ca europenii să ajungă acolo, puțin după anul 1500. În America Centrală, civilizația maya a evoluat de la cultura olmecă, timpurie, și și-a lăsat amprenta în numeroasele temple piramidale construite în trepte, adesea așezate în locuri care le subliniau puternic caracterul monumental. Aztecii au dezvoltat formele arhitecturale mayașe, adaptându-le în primul rând noilor ritualuri religioase, foarte sângeroase. Piatra, folosită la toate construcțiile importante, era sofisticat lucrată, însă limitată ca utilizare – de exemplu, arcadele erau necunoscute la acea vreme (s-a dezvoltat însă tehnica folosirii consolelor), în schimb, sculpturile și basoreliefurile erau de o bogăție și o complexitate uluitoare.

Mai la sud, în actualul Peru, civilizația inca înflorea în mileniul anterior cuceririi spaniole din 1532. Ea s-a dezvoltat până la nivelul unui imperiu, puternic centralizat, cu o ordine socială foarte rigidă. Cele mai importante monumente arhitecturale reflectă credința lor în legătura strânsă dintre Inca (împărat) și zeul Soare. Orientarea construcțiilor astfel încât să reflecte soarele în anumite momente ale zilei, pentru a marca anumite ritualuri importante, este una din principalele caracteristici ale arhitecturii incașe. Pe fâșia îngustă de pământ dintre Oceanul Pacific și Anzi, cărămizile arse la soare erau cel mai comun material de construcție, în timp ce în munți piatra se găsește din abundență. Ingineria era și ea o parte importantă a arhitecturii incașe, în sarcina acesteia căzând îndeobște construirea drumurilor care făceau posibilă administrarea unui imperiu vast, precum și deschiderea unor terase în coastele munților, pentru a profita de cât mai mult teren cultivabil.

Indienii pueblo au dezvoltat o arhitectură mult mai simplă în ceea ce este acum sud-vestul SUA. Chiar dacă foloseau mult cărămizile de chirpici, care se distrugeau cu timpul, vastul complex de locuințe de la Pueblo Bonito, Mexic (cca 900–1200) este construit din piatră.

CONSTRUCȚII-CHEIE

→ **Machu Picchu – lângă Cuzco, Peru, cca 1500**

Cu puțin timp înainte de cucerirea imperiului de către spanioli, în 1532, incașii au construit acest spectaculos oraș de munte. Priceperea lor în ceea ce privea zidăria este evidentă, laolaltă cu organizarea clădirilor și a teraselor săpate în munte și pregătite pentru cultivare, în timp ce orientarea construcțiilor către soare reflectă rolul acestuia în ordinea socială și religioasă.

ALTE CONSTRUCȚII

În Mexic

Piramida Soarelui – Teotihuacan (cca 250 d.Hr.);
Citadela – Teotihuacan (cca 600 d.Hr.);
Templul războinicilor – Chichen Itza (cca 1100 d.Hr.);
Terenul de joc – Chichen Itza (cca 1200 d.Hr.)

În Peru

Poarta Soarelui – Tiahuanaco (cca 1000–1200 d.Hr.);
Cuzco (1450–1532 d.Hr.);
Sacsayhuamán (cca 1475 d.Hr.)

preclasicism; protoclasicism; indo-khmerism

gotic scolastic; neoclasicism

Templul 1 – Tikal, Guatemala, cca 500 î.Hr.
Mayașii au folosit piramidele în trepte ca baze pentru templele lor. Templul de la Tikal, cu structura sa elaborată, este tipic, la el ajungându-se pe un singur rând de trepte, care duce până în vârful masivei piramide (30 de metri, acoperind zece nivele distincte), care îi pune în valoare caracterul monumental.

Shintoism

Shinto, veche credință japoneză care promovează venerarea strămoșilor și a naturii, are o puternică influență asupra culturii japoneze, constituind un mediu indigen, familiar, în care să poată fi „absorbite" influențele străine.

lumină; grație; natură; artizanat

Japonia ia foarte în serios echilibrul dintre natură și cultură, care stă la baza arhitecturii. Topografia naturală creează peisaje dramatice, iar puternica tendință de izolare – orice influențe exterioare au fost oprite între secolele XVII și XIX – a dus la dezvoltarea independentă a conceptelor arhitectonice, odată ce au fost introduse.

Vechiul sistem de credințe Shinto a modelat practicile de venerare a naturii și a strămoșilor fără să creeze o identitate arhitecturală anume. Pătrunderea budismului, din China, în secolul VI a adus atât un avânt al construcțiilor, cât și un mod de a construi care explică similaritățile dintre arhitectura japoneză și cea chineză. Dar așa cum budismul nu a eclipsat niciodată shintoismul, tot astfel arhitectura japoneză, chiar dacă

a adoptat structura de lemn, tipic chinezească, precum și importanța covârșitoare a acoperișului, a început să se dezvolte independent, formându-și propriul caracter. Arta decorativă a atins un înalt nivel de rafinament, în timp ce compoziția arhitecturală a început să dezvolte efectele simetriei și ale asimetriei, precum și posibilitatea de a stabili un echilibru grațios, subtil, între ele. Tipurile de clădiri construite au început să se diversifice, în funcție de nevoile specifice ale ritualurilor japoneze, cum ar fi ceremonia ceaiului.

Aceste atribute au generat în arhitectura japoneză un simț al compoziției extrem de sofisticat. Dimensiunea și locul fiecărui element sunt bine stabilite, într-o relație complexă cu celelalte elemente, mai degrabă decât cu vreun simț abstract al simetriei sau geometriei. În acest fel, natura și ierarhia socială par a fuziona, implicând faptul că aceasta din urmă este un produs al celei dintâi.

CONSTRUCȚII-CHEIE

← **Poarta „plutitoare" Torii, Sanctuarul Itsukushima Jinja – Miyajima, Japonia, secolul XII**
Shintoismul este o religie politeistă, iar arhitectura sa caută în permanență echilibrul dintre natură și îndemânarea omului. Această poartă unește simbolic vârfurile munților din depărtare cu marea, într-o imagine perfect gândită și construită. Sanctuarul, care cuprinde mai multe structuri, a fost ridicat de Taira no Kiyomori, cel mai puternic personaj din Japonia acelor vremuri.

↓ **Vila imperială – Katsura, Japonia, KOBORI ENSHU, 1620**
Prințul Toshihito, un frate mai tânăr al împăratului Goyozei, a folosit drept sursă de inspirație pentru vila sa o povestire din secolul X, intitulată *Povestea lui Genji*. Arhitectura clădirilor este simplă, într-o relație strânsă cu natura, atât în privința împrejurimilor, cât și în cea a imaginilor pe care peisajul, așa cum este el gândit, le generează. În secolul XX, moderniștii europeni au considerat-o ca fiind însăși esența tradiției japoneze.

ALTE CONSTRUCȚII
în Japonia
Sanctuarul shintoist de la Kamiji-Yama – Ise (701 d.Hr.); Palatul Imperial de la Nara (secolul XVII d.Hr.); Sanctuarul Kasuga – Nara (începând cu 768 d.Hr.)

confucianism; metabolism; indo-khmerism

preclasicism; clasicism elen; sublim

Clasicism creștin

Creștinismul exista deja de trei sute de ani când romanii l-au adoptat ca religie oficială – eveniment ce a avut un impact important asupra arhitecturii imperiului și asupra modului în care erau gândite orașele. În secolele în care au fost interzise, religia și practicile creștine s-au consolidat, însă locurile de întâlnire ale credincioșilor au trebuit să rămână secrete – implicit, arhitectura a rămas și ea modestă. Arhitectura clasică era monumentală, însă a evoluat din credințele păgâne. Provocarea era dezvoltarea unei arhitecturi care să fie atât monumentală, cât și creștină.

creștinătate; catolicism; ortodoxie; doctrină; martiriu; simplitate; decorațiuni figurative

Ca precursoare ale bisericilor, templele erau nepotrivite; e drept însă că structurile uriașe, acoperite cu domuri, ale Romei au jucat și ele un rol în dezvoltarea ulterioară a arhitecturii religioase occidentale. Spațiul interior era suficient de încăpător pentru un mare număr de oameni, geometria circulară putea fi înțeleasă și interpretată ca o referire la unitatea și perfecțiunea lui Dumnezeu; în plus, efectele de lumină obținute prin construcție (vezi „ochiul" de lumină din vârful domului Pantheonului) dădeau un aer de mister, având o oarecare afinitate cu spațiile sepulcrale cu care creștinii erau familiarizați. De la începutul secolului VI, la construcțiile religioase de mari dimensiuni, cum erau bisericile Sf. Sofia din Constantinopole (noua Romă „creștină") și San Vitale din Ravenna, găsim detalii clasiciste folosite în forme noi, inovatoare, spațiul generos permițând decorarea *in extenso* cu mozaicuri având subiecte religioase.

Un alt pas a fost făcut când creștinismul s-a scindat irevocabil în ortodoxie și catolicism. Spațiile acoperite cu domuri (vezi biserica Sf. Vasile din Moscova, cu multiplele sale minarete) erau potrivite practicilor liturgice și mistice ale ortodoxiei; tradiția practicilor catolice era diferită însă, subliniind rolul preoților de mediatori între Ceruri și Pământ, între Dumnezeu și oameni. Planul longitudinal, cu nava ducând de la intrarea principală, la vest, până la altar, la est, era mai potrivit.
Pe la 1100, pe întinsul Europei se găseau numeroase biserici de acest tip, singurele urme „romane" fiind arcadele rotunde și detaliile clasiciste.

CONSTRUCȚII-CHEIE

↑ **Catedrala din Durham – Anglia, 1093–1132**

Catedrala din Durham este reprezentarea ideală a arhitecturii clasicismului creștin, în construcția ei distingându-se doar urme ale arhitecturii clasice vechi, sub forma volumelor solide de la exterior și a arcadelor rotunde din interior.

← **Sfânta Sofia – Istanbul, Turcia, 532–537**

Această biserică masivă, atât de ingenios construită, este cea mai reprezentativă clădire pentru forma bizantină a clasicismului creștin. În biserici, interioarele erau mai importante decât în temple; astfel se face că în Sf. Sofia întâlnim arcada și domul, prezente în clasicismul roman, adaptate la simbolurile creștine – cum este cazul luminii și al ridicării la Cer.

ALTE CONSTRUCȚII

în Italia

Santo Stefano Rotondo – Roma (468–483 d.Hr.);
Bazilica San Marco – Veneția (1063–1085)

în Anglia

Capela St. John – Turnul Londrei (1086–1097);
Abația St. Albans (1077–1115)

în Turcia

Sf. Sergiu și Sf. Bachus – Istanbul (525–530 d.Hr.);
Sf. Mântuitor din Chora – Istanbul (1050)

clasicism roman; gotic scolastic

clasicism elen; neoclasicism

Arhitectura islamică are ca element de bază moscheea, care, față de biserică, nu e o reprezentare a divinului, ci o „unealtă" care să faciliteze îndatoririle religioase. E mai mult decât un loc de rugăciune – e și un punct de întâlnire unde se pot schimba idei, încorporând astfel practicile religioase în experiența zilnică.

geometrie; axă; simetrie; arcadă ascuțită; boltă; decorațiune

Islamul s-a dezvoltat foarte repede plecând de la epicentrul din Peninsula Arabă, în secolul VII, către Orientul Mijlociu, Africa de Nord și Europa Occidentală, prin Peninsula Iberică. Cele mai importante monumente arhitectonice pot fi găsite în Spania și India, atât de departe una de alta. Claritatea mesajului islamic i-a facilitat răspândirea, acesta venind astfel în contact cu multe alte culturi.

Moscheile combină ca utilitate activități cărora în Occident le sunt dedicate clădiri separate. Deși organizarea lor generală caută să echilibreze diferitele părți componente conform unui abstract concept de perfecțiune, moscheile tind să urmeze linia clară, simplă a doctrinei islamice, cu doar câteva obligativități constructive în afara cerinței ca credincioșii să fie cu fața spre Mecca atunci când se roagă și a nișei din care imamul conduce rugăciunea. Totuși, interzicerea reproducerilor din natură a dus la stilizarea decorațiunilor, acest lucru oferind oportunitatea dezvoltării unor modele geometrice deosebite, pline de inventivitate. Astfel, specificul moscheilor islamice

CONSTRUCȚII-CHEIE

← **Moscheea Mesquita – Cordoba, Spania, 785–987**

Marea moschee din Cordoba, construită în mai multe etape, arată cum culturile locale au fost înglobate în arhitectura islamică – aceste transformări influențând ulterior perioada gotică. Interiorul magnific, deși are un caracter repetitiv, dă dovadă de inventivitate. Un rând de coloane suportă un altul, iar acesta susține arcadele și cupolele.

vine din repetarea elementelor de tipul coloanelor, mai sărac sau mai bogat decorate, alăturate minaretelor și domurilor preluate din alte culturi.

Dimensiunile moscheilor variază enorm, ajungându-se până la construcții complexe care cuprind școli și posibilități de cazare pentru călători – conform rolului autoasumat de loc pentru schimburi comerciale sau de idei. Această tradiție a școlilor din moschei însemna că lumea islamică avea multe de arătat Europei medievale, de la copii ale textelor străvechi și până la noi idei și concepte în discipline precum medicina și matematica.

↑ **Moscheea Albastră – Istanbul, Turcia, SEDEFKAR MEHMET AGA, 1610–1616**

Pe măsură ce Imperiul Otoman l-a înlocuit treptat pe cel Bizantin, arhitecții săi au adoptat domurile – „marcă" a bisericilor ortodoxe bizantine – ca element constructiv integrat moscheilor. Modelul care l-a inspirat pe arhitectul Moscheei Albastre a fost biserica Sf. Sofia, aflată în apropiere – cea mai măreață dintre construcțiile bizantine de gen. Sedefkar Mehmet Aga a combinat o serie de domuri cu minaretele pentru a crea o senzație de înălțare.

ALTE CONSTRUCȚII

în Orientul Mijlociu

Domul Stâncii – Ierusalim, Israel (684 d.Hr.);
Moscheea Al-Aqsa – Ierusalim, Israel (705 d.Hr.);
Marea moschee – Damasc, Siria (706–715 d.Hr);
Moscheea Al-Ahzar – Cairo, Egipt (970 d.Hr.)

în Spania

Orașul Madinat-al-Zahra – lângă Cordoba (936 d.Hr.);
Palatul Alhambra – Granada (1338–1390)

gotic scolastic; indism

clasicism elen; neoclasicism

Indo-khmerism

Religiile indiene – hinduismul și budismul – au fost sursă de inspirație pentru tradiții arhitecturale importante ce s-au răspândit pe cuprinsul întregii Asii de Sud-Est. Bogatele texte religioase și numeroasele zeități se regăseau în decorațiunile generoase ale clădirilor, ale căror poziționare și masivitate sunt legate de cosmologia indiană.

decorațiune; ordine; schimb cultural; cosmologie

Emanând din India secolului III î.Hr., hinduismul și budismul și-au luat cu ele și arhitectura, în „călătoria" lor pe întinsul Asiei de Sud-Est. Interacționând adesea cu culturile indigene, cele două religii au dat naștere unor tradiții arhitecturale distincte și totuși înrudite. Una dintre cele mai importante este cea a khmerilor, în actuala Cambodgie. Aproape pierdute în junglă, construcțiile civilizației khmere, nedescoperite până în urmă cu circa o sută de ani, sunt cu adevărat uluitoare, forma lor și felul în care sunt poziționate contribuind la cultura vizuală.

În secolul IX d.Hr., mai multe state khmere s-au reunit sub conducerea unui singur rege. În următoarele șase sute de ani au fost construite numeroase colonii în zona Angkor, pe o suprafață de circa 300 km^2. Aici se găsește și templul de la Angkor Wat, ridicat în secolul XII – este una dintre puținele zone care nu au fost înghițite de junglă între secolul XVI și secolul XX.

Arhitectura a devenit cea mai importantă formă de artă în cultura khmeră deoarece era singura posibilitate de a adăuga un sens simbolic acestor structuri uriașe. Cum controlul asupra aprovizionării cu apă a contribuit la centralizarea puterii, printre monumentele din Angkor se găsesc și câteva uriașe rezervoare de apă, fiecare cu propriul templu – adesea o insulă înconjurată de apă, ceea ce dădea o semnificație religioasă evidentului scop practic.

Arhitectura khmeră avea o dimensiune cosmică. Fiecare clădire era un microcosmos simbolic – efect obținut printr-o atentă compoziție și decorare, evocând miturile khmere ale creației. Sanctuarul central de la Angkor Wat pornește de la o platformă înconjurată de plinte concentrice, așa cum muntele cosmic Meru se înalță din inima continentului central, care la rândul său era înconjurat de șase continente și șapte oceane, totul înconjurat de un zid de piatră. Fiecare parte a construcției – fie mare, fie o caracteristică decorativă de mici dimensiuni – are o funcție și o localizare bine definite, efectul decorațiunilor fiind de consolidare și elaborare, prin reprezentare naturalistă, a mesajului și statutului mitologic.

Indo-khmerism

CONSTRUCȚII-CHEIE

Angkor Wat – Cambodgia (începutul secolului XII)

Dedicat zeului hindus Vishnu, noul templu de la Angkor a fost construit de Suriavarman al II-lea. Dominat de sanctuarul central, la rândul său înconjurat de patru sanctuare mai joase și de o împrejmuire cu patru turnuri de colț și un șanț cu apă, planul templului redă cosmologia concentrică, în timp ce numeroasele suprafețe și nișe furnizează loc din belșug pentru pictarea textelor sacre.

Templul Kandaraya Mahadev – Khajuraho, India, 1017–1029

Dinastia Chandella a construit în capitală o serie de temple, printre care Kandaraya Mahadev se distinge ca fiind cel mai mare și mai elaborat. Templul arată relația dintre ritualurile religioase și simbolismul arhitectural ce a influențat construcția templelor din Asia de Sud-Est, cu cele aproape o mie de statui ale sale, cu textele tantrice și cu un *shiva-linga* (simbol indian falic) în interior.

ALTE CONSTRUCȚII

în India

Templele de la Khajuraho (secolele IX–XI);
Templele Tanjavur și Rajarajeshvara (secolele IX–XIII)

în Cambodgia

diferite locații din parcul din Angkor (802–1431 d.Hr.);
Templul Preah Ko, Angkor Wat (cca. 880 d.Hr.);
Templul Preah Khan, Angkor Wat (secolul XII)

indism; confucianism; gotic scolastic; arhitectură precolumbiană

clasicism elen; neoclasicism

Gotic scolastic

Fără a se opune arhitecturii clasice, arhitectura gotică se inspiră din gânditori ai epocii clasice – cum sunt Platon și Aristotel –, iar proporțiile folosite au afinități cu cele ale clădirilor din perioada clasică. Diferențele sunt pregnante în ce privește relația arhitecturii gotice cu teologia creștină.

biblie; ignoranță; lumină; transcendență; arcadă ascuțită; boltă; vitraliu

Catedralele gotice erau concepute ca ilustrări ale raiului, și chiar dacă arhitectura creștină timpurie a încercat același lucru, îndemânarea tehnică și gândirea nouă a Evului Mediu au dat arhitecturii gotice noi dimensiuni. Arcadele ascuțite și boltele, preluate din arhitectura islamică și apoi dezvoltate, au schimbat fundamental relația dintre structură, aspect și funcție. Un perete putea deveni o rețea fină de fire de piatră, prin care lumina se strecura cu ușurință, mai degrabă decât o suprafață solidă. Fiecare parte a unei structuri pare a avea o funcție specifică. Pereții nu mai constituie o „invitație" pentru decorațiuni pictate ori sculptate în basorelief, forma elementelor de piatră fiind cea care dă expresie.

Aceste inovații de ordin tehnic erau în pas cu convingerile religioase medievale. Raiul se bucura de o perfecțiune imposibil de atins pe pământ, însă puritatea matematicii și prezența luminii puteau să aducă ceva din frumusețea divină. Cu lumina strecurându-se în catedrale prin vitralii din ce în ce mai elaborate, cu dimensiunile diferitelor nervuri de piatră și cu relația dintre ele, guvernată de proporții matematice stricte, arhitectura acestei perioade a putut aduce pe pământ un strop din frumusețea și perfecțiunea cerurilor.

Arhitectura gotică s-a aflat într-o relație strânsă, profundă, cu curentul scolastic – modul dominant de abordare, la acea vreme, a teologiei și filozofiei. Unul dintre scopurile sale era de a explica legătura dintre perfecțiunea raiului și pământul cel plin de defecte, ceea ce a generat apariția și dezvoltarea a numeroase moduri de interpretare, din ce în ce mai sofisticate, a tot ceea ce ne înconjoară. Arhitectura, cu rădăcini în realitate, însă părând că se află în contact și cu divinitatea, era modalitatea esențială de conectare a experiențelor religioase cu viața de zi cu zi.

CONSTRUCȚII-CHEIE

← **Sainte Chapelle – Paris, Franța, PIERRE DE MONTREUIL, 1243–1248**

Spațiile goale din structura de piatră de tip schelet, definitorie pentru stilul gotic, nu sunt umplute cu zidărie, ci cu vitralii ce spun privitorului o poveste. De asemenea, vitraliile dau o lumină specială în interior, generând o atmosferă foarte diferită de spațiul exterior.

↓ **Catedrala din Rheims – Franța, BERNARD DE SOISSONS, 1211–1290**

Fiind locul în care erau încoronați regii Franței, catedrala din Rheims ocupă un loc important printre marile catedrale gotice din nordul Franței. Pe fațada de vest găsim 500 de figuri sculptate, astfel organizate încât să creeze o legătură între istorisirile din Biblie și sfinții francezi. Spre deosebire de construcțiile asemănătoare din Anglia, catedralele franceze nu erau „atașate" vreunei mănăstiri, ci bine integrate în „țesătura" socială a vieții.

ALTE CONSTRUCȚII

în Franța

Abația Saint Denis – lângă Paris (1135–1144);
Catedrala Notre-Dame – Paris (1163–1250);
Catedrala din Chartres (1194–1260)

în Anglia

Catedrala din Canterbury (1096–1185);
Catedrala din Lincoln (1129–1320),
Westminster Abbey – Londra (1245 – sfârșitul secolului XIV);
Capela Kings College – Universitatea Cambridge (1446–1515)

clasicism creștin; medievalism; islamism

clasicism elen; neoclasicism; raționalism

Gotic comercial

Comerțul internațional a contribuit la răspândirea ideilor în Europa. Deși nu a avut ca rezultat un stil arhitectural unitar, bogăția pe care comerțul a creat-o a stimulat apariția arhitecturii seculare care, în punctul său culminant, a rivalizat în spectaculozitate cu marile catedrale.

comerț; internaționalism; decorare; invenție

În perioada de sfârșit a Evului Mediu, comerțul internațional a crescut într-o asemenea măsură încât a permis dezvoltarea unei impresionante rețele de contacte și schimburi în Europa – rețea care, după Biserica Romano-Catolică, era a doua forță unificatoare între culturile diferitelor state. Acolo unde Biserica avea nevoie de catedrale, mănăstiri sau școli prin intermediul cărora să își proclame mesajele, comerțul se alătura acestora cu asociații ale breslașilor, cu primării și, după un timp, cu locuințe pline de opulență în care își etalau bogățiile.

Inițial, arhitectura civilă și cea comercială din Evul Mediu erau mai apropiate de caracterul autohton al fiecărei regiuni decât de stilul gotic internațional al marilor catedrale. În orașe prospere precum Lavenham, din Suffolk, Anglia, pot fi întâlnite numeroase case construite din paiantă, pe structură de lemn, care nu se

deosebesc de fermele din apropiere decât prin ornamentarea elaborată, și nu prin vreun element de concepție. Însă în centrele comerțului internațional, cum era cazul Flandrei, al Veneției și al orașelor hanseatice din nordul Europei, s-au dezvoltat stiluri arhitecturale ce le-au depășit cu mult pe cele locale, autohtone. Gigantica clădire a comercianților de textile din Ypres, Belgia, dă un indiciu asupra nivelului la care ajunsese comerțul cu lână, după ce traversase toată Europa de Vest, în timp ce orașul Lübeck, în Germania, era dovada nu doar a bogăției, ci și a independenței orașelor cu un comerț activ, înfloritor, față de autoritatea regală.

Toate acestea au atins apogeul în Veneția, care și-a creat propria ordine socială și a cărei cultură era mai apropiată de partenerii bizantini decât de vecinii din Europa occidentală. Oligarhia comercială venețiană a adoptat, pentru palatele în care își desfășura activitatea, un stil bogat și elaborat ornamentat.

CONSTRUCȚII-CHEIE

← Palatul Dogilor – Veneția, Italia
GIOVANNI și BARTOLOMEO BUON, 1309–1424

Veneția a fost unul dintre cele mai bogate și mai cosmopolite orașe ale Evului Mediu, structura sa socială unică și așezarea pe apă aducând cu ele adaptarea arhitecturii gotice și transformarea ei într-o expresie rafinată, atent ordonată, a bogăției morale și materiale. În fotografie, arcadele pe două nivele ale Palatului Dogilor.

↑ Clădirea comercianților de textile (Cloth Hall) – Ypres, Belgia, 1202–1304

Reconstruită după terminarea Primului Război Mondial, la cei 134 m lungime ai săi, clădirea comercianților de textile din Ypres este expresia bogăției pe care Ypres și alte orașe ale Flandrei au acumulat-o în urma comerțului cu lână, în Evul Mediu. Cu toate că prezintă nenumărate detalii elaborate, principalul efect este obținut aici prin simplitate și repetiție, acest lucru demonstrând cât de versatilă, sub toate aspectele, putea fi arhitectura gotică.

ALTE CONSTRUCȚII

în Belgia

Clădirea comercianților de textile din Bruges (1282);
Primăria din Bruges (începând cu anul 1376);
Primăria din Ghent (1515–1528)

în Anglia

Guildhall – Lavenham, Suffolk (1530);
Market Cross – Salisbury (secolul XIV)

medievalism; victorianism; gotic scolastic

neoclasicism; sublim

2

RENAȘTERE

Invenționism

Cercetarea și experimentarea au fost, în perioada timpurie a Renașterii, la fel de importante ca și accentul pus pe învățăturile epocii clasice. Acest spirit inventiv a contribuit la modificarea felului în care erau privite clădirile, de la tehnicile de construcție la funcționalitate și la înțelesurile simbolice pe care le puteau avea. Invenționismul, în arhitectură, a însemnat la fel de mult ca și apariția perspectivei în pictură.

FILIPPO BRUNELLESCHI (1377–1446); **LORENZO GHIBERTI** (1378–1455); **MICHELOZZO DI BARTOLOMEO** (1396–1472); **LEONARDO DA VINCI** (1452–1519)

inovație; experimentare; provocare; noutate; meștesug

La începutul secolului XV, Florența era suficient de bogată cât să încerce ceea ce până nu demult fusese imposibil. Un simbol al acestei îndrăzneli, emblemă a întregii Renașteri florentine, este cupola construită de Filippo Brunelleschi deasupra catedralei orașului. Începută în 1296 în stil gotic, catedrala a ajuns, în 1418, să pună probleme mari constructorilor, datorită punctului uriaș de joncțiune (circa 40 metri) dintre nava principală și cele laterale. Brunelleschi, care aparținea breslei bijutierilor, studiase în amănunțime arhitectura vechiului Imperiu

Roman. Pentru a duce la bun sfârșit demersul său arhitectonic, el a trebuit ca, plecând de la baza gotică, să folosească tehnici ingenioase de construcție pentru a termina ceea ce avea să devină, în 1436, cel mai mare dom al Europei. Multe dintre soluțiile alese de Brunelleschi au fost subiect de controverse, însă succesul său a arătat că noile metode de construcție, chiar dacă empirice, pot produce rezultate care până atunci ar fi părut imposibile.

Brunelleschi a aplicat disciplina clasicismului la problemele cu care s-a confruntat, experimentând ingenios. Ospedale degli Innocenti, construit între 1419–1424, denotă o și mai mare apropiere de standardele clasicismului decât Loggia dei Lanzi, de exemplu, construită de el în tinerețe, în timp ce San Lorenzo și Santo Spirito adaptează clasicismul la planul tradițional al unei biserici gotice. Prietenii lui Brunelleschi, Masaccio și Donatello, au redefinit pictura și sculptura, iar discipolul său Michelozzo di Bartolommeo (cunoscut drept Michelozzi Michelozzo) a creat precedentul palatelor renascentiste în Palazzo Medici (1444–1459), introducând noțiuni precum ordine și simetrie în cel mai important tip de construcție renascentistă, palatul.

Tradiția experimentării și a cercetării științifice a continuat în Renaștere, împreună cu interesul pentru învățăturile clasicismului, culminând cu cercetările lui Leonardo da Vinci în domenii precum zborul sau corpul omenesc. Carnetele sale de notițe conțin unele dintre cele mai timpurii studii asupra a ceea ce avea să devină emblema perioadei renascentiste: planurile unei biserici.

CONSTRUCȚII-CHEIE

← **Basilica di Santa Maria del Fiore (Catedrala din Florența), Italia, FILIPPO BRUNELLESCHI, 1418–1436**

Domul lui Brunelleschi nu domină doar catedrala, ci și întreg orașul și valea râului Arno. Până atunci, nimeni nu mai construise ceva de o asemenea anvergură, însă inovațiile lui Brunelleschi în privința tehnicilor și echipamentelor de construcție, pe baza cunoștințelor sale empirice despre arhitectura romană și gotică, au dus la rezultate uimitoare.

↓ **Palazzo Medici, Florența, Italia, MICHELOZZO DI BARTOLOMMEO, 1444–1459**

Medici, o familie aristocrată de negustori și bancheri care a guvernat Florența în secolul XV, a introdus un concept urbanistic complet nou prin construirea acestui palat. Până atunci, oligarhiile urbane trăiau în aglomerări dezordonate de clădiri ale căror dimensiuni proclamau puterea și prestigiul de care se bucurau. O construcție de tipul acestui palat era din multe puncte de vedere mai puțin practică, însă dădea posibilitatea etalării bogăției și autorității prin prisma învățăturilor umaniste, clasice, mai degrabă decât prin dimensiuni.

ALTE CONSTRUCȚII

în Italia

Loggia dei Lanzi – Florența (1376–1382); Ușile baptisteriului din Florența (LORENZO GHIBERTI, 1401–1424); Ospedale degli Innocenti – Florența (FILIPPO BRUNELLESCHI, 1419–1424); Capela Pazzi – Florența (FILIPPO BRUNELLESCHI, 1429–1446); Santo Spirito – Florența (FILIPPO BRUNELLESCHI, 1445–1482)

rațiionalism structural; neoclasicism; umanism; idealism; gotic scolastic

medievalism; baroc; rococo

Având ca model numeroasele vestigii romane, detaliile și formele clasice nu au dispărut niciodată complet din arhitectura italiană, însă accentul pus în Renaștere pe învățăturile clasice a stimulat o atenție aproape arheologică, față de acuratețe. Umaniștii îmbinau acest interes cu gândirea neoplatonică, favorabilă formelor și proporțiilor matematice. Astfel, arhitectura a devenit o disciplină intelectuală, pe lângă dimensiunea sa practică.

LEON BATTISTA ALBERTI (1404–1472); **LUCIANO LAURANA** (1420–1479); **DONATO BRAMANTE** (1444–1514)

renaștere; clasicism; învățătură; studiu; proporție; unitate; gândire neoplatonică

Gândirea neoplatonică și structurile protoclasice coexistau de ceva vreme înainte ca Leon Battista Alberti să le reunească, atât în studiile și tratatele sale, cât și în clădirile pe care le-a proiectat și construit. Afirmându-și astfel afinitățile cu lumea veche, Alberti arăta că apreciază, mai presus de toate, virtutea civică, iar arhitectura era modalitatea prin care afirma acest lucru. Astfel, construcțiile sale trebuiau să fie precise, îngrijite și, prin ordinea matematică precisă derivată din gândirea neoplatonică, apte să exprime idei sofisticate despre oameni, societate și relațiile cu divinitatea. Alberti a folosit ordinele arhitectonice clasice pentru a stabili ierarhii: arcada triumfală definea intrarea într-o biserică, în timp ce elementele diferitelor ordine marcau nu numai o clădire importantă, ci și părțile acesteia, fiecare cu statutul său.

Florentin prin naștere, Alberti și-a petrecut o mare parte din viață la curtea papei, iar ideile sale s-au răspândit în numeroase orașe din nordul Italiei. Frederigo Montefeltro și-a stabilit curtea la Urbino, unul dintre cele mai importante centre umaniste ale secolului XV, și l-a angajat pe Piero della Francesca pentru a-i fi pictor de curte. Sub patronajul lui Montefeltro a apărut Palatul ducal, cu curtea bine proporționată a lui Luciano Laurana și cu colecția sa de artă.

Născut în Urbino în 1444, Donato Bramante a crescut într-o atmosferă umanistă. Clădirile lui din Milano și Roma, acolo unde a început să reconstruiască San Pietro și a terminat splendidul Tempietto, dovedesc o sinteză rafinată a învățăturilor clasicismului și gândirii neoplatonice.

CONSTRUCȚII-CHEIE

← **Tempietto – Roma, Italia, DONATO BRAMANTE, 1502–1510**

Așezată exact în locul în care, conform tradiției, a fost crucificat Sfântul Petru, mica biserică are aceste dimensiuni, precum și planul circular, dintr-un motiv practic. Totuși, construcția este conformă idealurilor arhitecturale de design, bazate pe conceptele platonice și exprimate aici prin planul și prin domul semisferic.

→ **Palatul Rucellai – Florența, Italia, LEON BATTISTA ALBERTI, 1446–1457**

La puțin timp de la construirea palatului familiei Medici, Alberti a introdus o nouă dimensiune în arhitectura acestui tip de construcție prin folosirea elementelor aparținând ordinelor arhitectonice clasice, afirmându-și astfel apartenența la învățăturile umaniste derivate din studiul principiilor clasicismului.

ALTE CONSTRUCŢII

în Italia

Palazzo Ducale, Urbino, **LUCIANO LAURANA,** 1444–1482; Santa Maria Novella (faţada) – Florenţa, **LEON BATTISTA ALBERTI,** 1456–1470; San Sebastiano – Mantova, **LEON BATTISTA ALBERTI,** 1459; Santa Maria delle Grazie – Milano, **DONATO BRAMANTE,** 1492–1497; Santa Maria della Pace – Roma, **DONATO BRAMANTE,** 1500–1504

idealism; neoclasicism; clasicism elen; clasicism roman

baroc; rococo; gotic scolastic

Idealism

Arhitecții Renașterii au căutat să creeze perfecțiunea sintetizând forma fizică și ideile abstracte. Acest lucru era destul de dificil acolo unde nu aveau controlul total asupra geografiei locului ales pentru construcție, și aproape imposibil atunci când trebuiau să vină cu adăugiri la o construcție existentă – mai ales dacă era una aparținând stilului gotic, pe care arhitecții Renașterii îl considerau barbar. Foarte puțini dintre acești arhitecți au avut posibilitatea de a-și vedea visul împlinit prin realizarea „orașului ideal".

ANTONIO FILARETE (cca 1400–1469); **BERNARDO ROSSELLINO** (1409–1464); **ANTONIO DA SANGALLO CEL BĂTRÂN** (1455–1534); **ANTONIO DA SANGALLO CEL TÂNĂR** (1485–1546); **GIULIANO DA SANGALLO** (1445–1516)

proporție; unitate; poziție centrală

Antonio Filarete a făcut propunerea de a construi un oraș ideal cu numele de Sforzinda (nume inspirat de patronul său, Sforza, duce de Milano). În acest oraș ideal, Filarete proiectase un turn numit „al viciului și al virtuții", care ar fi trebuit să adăpostească un bordel la parter și un observator astronomic în vârf.

Sforzinda, care urma să fie primul oraș al Renașterii construit conform unui plan simetric, a servit drept precedent pentru numeroși adepți. Unul dintre acești „urmași" a fost Pienza – așa cum a redenumit papa Pius al II-lea localitatea în care se născuse, în sudul Toscanei. Proiectat de Bernardo Rossellino, colaboratorul lui Leon Battista Alberti, Pienza înseamnă de fapt două palate, construite pentru familia papei și pentru episcop, ce flanchează catedrala, înconjurând o piață simetrică; a patra latură o constituie primăria.

Astfel se sugerează un echilibru între aspectele religioase, civice și particulare ale vieții, într-o ilustrare idealizată a structurii sociale. Cardinalii erau încurajați să își construiască propriile palate de-a lungul străzii principale, deși topografia naturală a locului avea câteva curbe care „stricau" perfecțiunea imaginii. Moartea lui Pius, în 1464, a fost o provocare mult mai serioasă pentru idealurile Pienzei. Cardinalii s-au întors la Roma, lăsându-și palatele neterminate.

Deși orașele ideale erau o prezență comună în tratatele de specialitate din Renaștere, puține au ajuns măcar să fie începute. Pentru marea majoritate a arhitecților, idealismul era întruchipat de clădirile individuale a căror construcție avea la bază formele „ideale" sau platonice despre care se credea că se află într-o relație specială cu divinitatea – fiind astfel potrivite pentru bisericile cu altarul așezat în centru. Acest lucru era în conflict cu practicile liturgice, care presupuneau o navă lungă în care credincioșii să poată sta cu fața la altar, fără însă a-l atinge. Tensiunile dintre adepții bisericilor cu plan longitudinal și cei ai bisericilor cu plan central au ridicat nenumărate dileme, lucru demonstrat, de exemplu, și de evoluția bazilicii San Pietro, din Roma, de la planul lui Bramante, care prevăzuse poziționarea centrală a altarului, la soluția de compormis ce poate fi văzută acum.

CONSTRUCȚII-CHEIE

Madonna di San Biagio – Montepulciano, Italia, ANTONIO DA SANGALLO CEL BĂTRÂN, 1519–1529

Antonio da Sangallo a amestecat aici forme platonice ideale: planul e o cruce grecească cu patru brațe egale (unul având în capăt o absidă semicirculară), cu un cilindru, încheiat printr-un dom semicircular, așezat deasupra locului de încrucișare a navei cu transeptele. Acestor forme pure li s-a adăugat un minimum de detaliu clasicist.

↑ **Pienza – Italia, BERNARDO ROSSELLINO, 1458–1464**

Idealurile arhitecturale ale Renașterii „dictau" atât în ceea ce privea orașul ca întreg, cât și clădirile luate individual. Papa Pius al II-lea și-a transformat locul de baștină într-una dintre cele mai complete exemplificări ale „orașului ideal". Schema alcătuită din catedrala flancată de palatele episcopului și ale familiei papei, stând față în față cu primăria, exprimă relația dintre puterile ce guvernează societatea.

ALTE CONSTRUCȚII
în Italia

Santa Maria delle Carceri – Prato, **GIULIANO DA SANGALLO,** 1485; Palazzo della Cancelleria – Roma, anonim, 1486–1496

umanism; neoclasicism

baroc; medievalism; gotic scolastic

Manierism

La jumătatea secolului XVI devenise limpede că nu era întotdeauna posibil să se țină cont strict de preceptele Renașterii și că variațiile erau necesare pentru a face față cerințelor practice. Manierismul e stilul rezultat din acest compromis, arhitecții înțelegând că trebuie să adapteze regulile clasicismului, în formă și detaliu, din motive pragmatice și pentru anumite efecte vizuale. Astfel, el a reorientat arhitectura castă, intelectuală, austeră a umanismului către cea cu efect scenic și răspuns emoțional.

MICHELANGELO (1475–1564); **BALDASSARE PERUZZI** (1481–1536); **MICHELE SANMICHELI** (1484–1559); **JACOPO SANSOVINO** (1486–1570); **GIULIO ROMANO** (1499–1546); **ANDREA PALLADIO** (1508–1580)

ornament; libertinaj; iluzie; detaliu inovator

Când Michelangelo a devenit arhitectul bazilicii San Pietro din Roma, în 1547 (v. ilustrația de la pag. 42), claritatea viziunii avute inițial de Bramante se pierduse datorită numeroaselor reluări ale lucrărilor de ridicare a bisericii, nici una dusă la bun sfârșit. Michelangelo a adăugat o a doua piață la 45 de grade față de planul lui Bramante, creând o compoziție dinamică ce i-a permis să încorporeze elementele dezorganizate și să construiască contraforți suficient de mari pentru a face față uriașei greutăți a tamburului și a domului. În tambur (cilindrul pe care stă domul), el a așezat ferestre dreptunghiulare cu latura lungă la orizontală, punând deasupra lor o „scoică" de zidărie și un antablament – un exemplu al practicii manieriste de îmbinare a două elemente compoziționale.

Manierismul a fost perceput în numeroase feluri. Giulio Romano, discipol al lui Rafael, a lucrat, începând cu anul 1520, pentru familia Gonzaga din Mantova. Romano a introdus câteva abateri de la canoanele clasicismului în capodopera sa, Palazzo del Te: ritmuri alternante, pilaștri finisați într-un stil mai rustic și arcade cu fronton. Extraordinara clădire denotă o abordare relaxată a tradițiilor clasicismului, atât literare, cât și arhitectonice, și culminează cu un interior care, chiar dacă nu are nici un ornament ce ține de arhitectură, este acoperit cu picturi magnifice având subiecte legate de epoca clasică. În mod similar, Andrea Palladio – care este posibil să fi lucrat cu Giulio Romano – a extins tradiția astfel încât să poată încorpora elemente considerate anterior ca incompatibile.

În planul făcut de Baldassare Peruzzi pentru Palazzo Massimo, din Roma, întâlnim un alt element-cheie: iluzia optică. Confruntat cu o topografie neregulată pe care să construiască un palat dublu, pentru doi frați, Peruzzi a curbat fațada astfel încât să urmeze linia străzii. În spate, el a proiectat o altă serie de elemente care să genereze iluzii optice, consolidate de o schemă decorativă, inaugurând un principiu care avea să atingă apogeul în epoca barocă, un secol și ceva mai târziu.

CONSTRUCȚII-CHEIE

→ **Basilica – Vicenza, Italia, ANDREA PALLADIO, 1546–1549**
Prima sarcină publică a lui Palladio a fost încorporarea unei clădiri existente într-un sistem de arcade pe două nivele. Multe dimensiuni au fost determinate de structura preexistentă. Pentru a obține un plan coerent, Palladio a suprapus diferite elemente ale stilului clasic – esența manierismului – pentru a conferi o flexibilitate imposibil de obținut prin folosirea unui singur stil arhitectonic.

ALTE CONSTRUCȚII
în Italia
Biblioteca Laurentiana – Florența, **MICHELANGELO,** 1524; Palazzo del Te – Mantova, **GIULIO ROMANO,** 1525–1535; Locuință familială – Mantova, **GIULIO ROMANO,** 1544; Palazzo Massimo – Roma, **BALDASARE PERUZZI,** 1532–1536; Biblioteca San Marco – Veneția, **JACOPO SANSOVINO,** 1536–1553; Palazzo Thiene – Vicenza, **ANDREA PALLADIO,** 1542; Palazzo Chiericati – Vicenza, **ANDREA PALLADIO,** 1549; San Giorgio Maggiore – Veneția, **ANDREA PALLADIO,** 1566; Il Redentore – Veneția, **ANDREA PALLADIO,** 1576

baroc; rococo; clasicism roman; invenționism

clasicism elen; idealism; raționalism

Pietism

La jumătatea secolului XVI, Biserica Romano-Catolică, confruntându-se cu dubla provocare a pierderii autorității în nordul Europei, în urma Reformei, și a dorinței de a încorpora coloniile spaniole și portugheze în sfera sa de influență, a instituit o serie de măsuri cunoscute drept Contrareformă. Pietismul descrie influența lor asupra arhitecturii – mai ales asupra arhitecturii bisericilor.

JACOPO VIGNOLA (1507–1573); **JUAN BAUTISTA DE TOLEDO** (mort 1567); **CLAUDIO DE ARCINIEGA** (1527–1593); **JUAN DE HERRERA** (1530–1597); **GIACOMO DELLA PORTA** (1537–1602); **DOMENICO FONTANA** (1543–1607); **FRANCISCO BAUTISTA** (1594–1679)

contrareformă;
doctrină

Reafirmarea doctrinei catolice la jumătatea secolului XVI a generat o cerere crescândă pentru biserici și a schimbat natura designului lor. Noi ordine monastice, precum iezuiții, fondate pentru a duce muncă de misionariat și a susține Contrareforma, aveau nevoie de noi biserici, în timp ce Conciliul de la Trento a „codificat" doctrina și a reiterat vechiul rol al artei ca „biblie a celor ignoranți".

Pictura și sculptura trebuiau să ilustreze povești biblice înălțătoare, arhitectura să furnizeze spațiile necesare pentru deservirea noilor tipare devoționale, astfel ajungându-se din nou la biserica medievală cu plan longitudinal și două transepturi. Chiar dacă acest tip de biserică fusese respins sub influența curentului neoplatonic, el permitea o separare suficientă între membrii clerului și credincioși, iar lungimea navei centrale oferea spațiu din plin pentru nișele laterale ce adăposteau statui ale sfinților. Din nefericire, nici măcar „libertinajul" arhitectonic al manierismului nu a putut oferi o soluție pentru adaptarea fațadelor clasice la bisericile gotice și, deloc surprinzător,

rezultatele încercărilor inițiale – cum este Il Gesu, biserica iezuiților din Roma – au fost destul de neîndemânatice.

Spania, cu teritorii musulmane recent anexate și cu un număr semnificativ de evrei, a simțit din plin forța politică a Contrareformei. În arhitectură, acest lucru a însemnat, de exemplu, inserarea unei catedrale în magnifica moschee din Cordoba – lucru pe care până și împăratul Carol al V-lea (regele Carol I al Spaniei), cel care a comandat „lucrarea", l-a regretat, până la urmă. În alte locuri din Spania, decorațiunile bogate transmiteau mesaje narative și acopereau stângăciile volumetrice – deși există excepții precum El Escorial, palatul auster și sinistru al lui Filip al II-lea, al cărui plan trebuia să fie o permanentă aducere aminte a martiriului Sfântului Laurențiu.

CONSTRUCȚII-CHEIE

← **El Escorial – Madrid, Spania, JUAN BAUTISTA DE TOLEDO și JUAN DE HERRARA, 1559–1584**
Acest complex enorm, incluzând un palat, o mănăstire, un colegiu și o biserică, așezat într-o zonă pustie, muntoasă și construit dintr-un granit în care era foarte greu să se sculpteze ornamente, redă austeritatea care, în concepția chinuitului său stăpân, Filip al II-lea, era egală cu pietatea.

↓ **Il Gesu – Roma, Italia, JACOPO VIGNOLA și GIACOMO DELLA PORTA, 1568–1584**
Iezuiții care au construit această biserică au primit sarcina de a reafirma doctrina romano-catolică și de a o impune după Reforma protestantă – sarcină care a necesitat inventivitate pentru adaptarea principiilor Renașterii la designul bisericilor. Această încercare de unificare a celor două nave laterale într-o compoziție unică a fost copiată ulterior de alți constructori.

ALTE CONSTRUCȚII
în Mexic
Catedrala din Ciudad de Mexico, **CLAUDIO DE ARCINIEGO,** 1585

în Italia
Palatul Laterano – Roma, **DOMENICO FONTANA,** 1586; San Giacomo degli Incurabili – Roma, **FRANCISCO DA VOLTERRA,** 1590; Sant' Andrea della Valle – Roma, **GIACOMO DELLA PORTA,** 1591

baroc; gotic scolastic; clasicism creștin

idealism; umanism; empirism anglican; urbanism georgian

Clasicism regional

Apariția tiparului în Renaștere a însemnat că ideile aveau posibilitatea de a călători mai repede și mai eficient, încurajând scrisul și facilitând circulația tratatelor – unul dintre cele mai importante fiind cel scris de italianul Sebastiano Serlio. În anii târzii ai vieții, Serlio a lucrat și în Franța, iar ideile sale au ajuns în Anglia pe la sfârșitul secolului XVI. Pretutindeni ideile novatoare au interacționat cu cele locale generând numeroase variații.

SEBASTIANO SERLIO (1475–1554); **DOMENICO DA CORTONA** (1495–1549); **PHILIBERT DE L'ORME** (1510–1570); **ROBERT SMYTHSON** (cca 1536–1614); **JOHN SMYTHSON** (mort 1630); **JOHN THORPE** (1565–1655); **SIMON DE LA VALLEE** (1590–1642); **JACOB VAN CAMPEN** (1595–1657); **FRANÇOIS MANSART** (1598–1666)

adaptare; invenție; tratate tipărite

Prin cuvântul tipărit, cititorii din Franța și Anglia au putut aprecia ideile Renașterii cu ani buni înainte ca virtuțile arhitecturii acestei perioade să fie recunoscute și constructorii locali să o adopte. Arhitectura clasică și-a făcut simțită prezența mai întâi în detaliile adăugate clădirilor a căror formă era mai tradițională; de exemplu, castelele de pe valea Loirei sau numeroasele clădiri ale universităților din Oxford sau Cambridge. Ulterior, Sebastiano Serlio a încercat să facă o demonstrație practică a teoriilor din tratatele sale – mai multe volume, publicate în Franța în anii 1540–1550 – în planurile pentru castelul Ancy-le-Franc. Prin aceasta s-au adoptat, practic, o nouă ordine și o nouă disciplină pentru clădirile de locuit, chiar dacă zidarii care au lucrat la construcția castelului au schimbat câteva elemente față de planul arhitectului, păstrând panta

abruptă a acoperișului și turnurile de colț specifice castelelor franțuzești. În lucrările unor arhitecți precum Philibert de l'Orme, aceste elemente au evoluat, treptat, într-un stil coerent.

Elita nou apărută a avut contribuții similare la arhitectura engleză – vezi clădirile elisabetane Longleat, Hardwick Hall și Burghley, unde coșurile de fum au luat forma fragmentelor de coloană, iar parapetele au devenit antablamente. Nici un arhitect de talia lui Serlio nu a lucrat în Anglia, iar responsabilitatea pentru aceste clădiri revine unor arhitecți și constructori locali, precum Robert Smythson și John Thorpe. Însă sub detaliul de tip clasic, viguros și adesea aplicat cu inventivitate, se ascund planuri care sunt combinații ciudate de simetrie renascentistă și elemente medievale – cum ar fi holurile, saloanele și galeriile de dimensiuni impresionante. Clasicismul renascentist a intrat în plină forță în Anglia de-abia la începutul secolului următor, iar atunci a măturat totul în calea sa. Adoptarea stilului clasic de către alte țări nord-europene a urmat un tipar asemănător.

CONSTRUCȚII-CHEIE

↑ **Kirby Hall – Northamptonshire, Anglia, atribuită lui THOMAS THORPE, 1570–1572**

Kirby este una dintre clădirile construite de noua elită în timpul domniei reginei Elisabeta I, clădiri ce sintetizau tradiția gotică și clasică. Kirby s-a folosit de eleganța uriașilor pilaștri (două nivele) utilizați prima dată de Michelangelo la Capitoliul din Roma – aici însă, pilaștrii sunt integrați în stilul esențialmente medieval al planului.

← **Chateau de Chambord – valea Loirei, Franța, DOMENICO DA CORTONA, 1519–1547**

Energia clasicismului pare că izbucnește din planul celui mai mare castel medieval de pe valea Loirei. Pilaștrii de pe fațadă, laolaltă cu detaliile renascentiste, sunt în competiție directă cu turnulețele tipic franțuzești de pe acoperiș. Înăuntru, o scară dublă în spirală arată influența lui Leonardo da Vinci, care locuia în apropiere.

ALTE CONSTRUCȚII

Ancy-le-Franc – Burgundia, Franța, **SEBASTIANO SERLIO,** cca 1546; Chateau d'Anet – valea Loirei, Franța, **PHILIBERT DE L'ORME,** 1548; Palatul Fontainebleau – Seine-et-Marne, Franța, **GILLES LE BRETON,** 1568; Hardwick Hall – Derbyshire, Anglia, **ROBERT SMYTHSON,** 1590–1597; Maritzhuis – Haga, Olanda, **JACOB VAN CAMPEN,** 1633–1635; Casa Nobililor (sau Casa Cavalerilor) – Stockholm, Suedia, **SIMON** și **JEAN DE LA VALLEE;** 1641–1674

manierism; empirism anglican; baroc

idealism; umanism; neoclasicism

Prin baroc, ruptura de umanismul și idealismul Renașterii a fost completă. Formele baroce erau mai bogate și mai variate, punând accentul pe iluzie și spectacol mai mult decât pe întruchiparea idealurilor în forme platonice, din dorința de a consolida doctrina religioasă. Cu toate acestea, abilitatea cu care stilul baroc a exprimat și a transmis ideile nonarhitecturale l-a făcut să intre în contact cu o foarte largă gamă de concepte, de la descoperiri matematice până la absolutismul politic.

GIANLORENZO BERNINI (1598–1680); **FRANCESCO BORROMINI** (1599–1667); **PIETRO DA CORTONA** (1596–1669); **BALDASSARE LONGHENA** (1598–1682); **CARLO RAINALDI** (1611–1691); **GUARINO GUARINI** (1624–1683); **FILIPPO JUVARRA** (1678–1736)

complexitate; mișcare; emoție; iluzie; suspans

„Părinții" arhitecturii baroce au fost doi extraordinari arhitecți din Roma, Gianlorenzo Bernini și Francesco Borromini. Amândoi au creat forme fluide și complexe, încorporând în tradiția clasicistă realitățile politice, religioase și topografice pe care formele pure, „ideale" ale Renașterii nu le putuseră asimila.

Adept al pictorilor barocului, precum Caravaggio, și cu pregătire de sculptor, Bernini a folosit gesturile și pozițiile pentru a exprima emoțiile umane. Adesea a combinat sculptura și pictura pentru a personaliza și a da un caracter narativ efectelor arhitecturale folosite. De exemplu, în San Andrea al Quirinale, din Roma, a descris astfel momentul în care sufletul Sfântului Andrei părăsește trupul crucificat al acestuia și se înalță, însoțit de *putti* (băieței), către lumina divină (o lanternă din vârful domului). Chiar și colonadele din piața San Pietro seamănă cu niște brațe cuprinzând omenirea, strângând-o la adăpostul dreptei credințe – năzuința supremă a Contrareformei.

Sursele lui Borromini au fost mai abstracte, însă efectul lor este la fel de convingător. Profitând de cunoștințele pe care le avea în domeniul zidăriei și al prelucrării pietrei și adăugând o temeinică înțelegere a geometriei, Borromini a creat forme de o complexitate extraordinară. Capodopera sa, San Carlo alle Quattro Fontane, atinge o minunată unitate a triunghiurilor și cercurilor, îmbinând simboluri ale Treimii cu unitatea și atotputernicia bisericii lui Dumnezeu.

Barocul a câștigat teren, extinzându-se în toată lumea catolică – ba chiar a produs efecte și în afara acesteia, cum este cazul empirismului anglican. Însă pe măsură ce distanța față de Roma creștea, balanța elementelor dominante se schimba în favoarea aspectelor decorative, în loc de inventivitatea structurală și spațială. A existat o excepție în Torino, unde Guarino Guarini și, mai târziu, Filippo Juvarra au creat lucrări ce au rivalizat cu ale lui Borromini, prin raționalismul lor. Cunoștințele lui Guarini, distins matematician și filozof, stau la baza lucrărilor sale arhitectonice. El a arătat că o gândire avansată poate spori potențialul de expresie al arhitecturii dincolo de canoanele stilistice convenționale.

CONSTRUCȚII-CHEIE

Sant'Andrea al Quirinale – Roma, Italia, GIANLORENZO BERNINI, 1658–1670

Biserica pe care a construit-o Bernini pentru novicii iezuiți este rezumatul sintezei pe care stilul baroc o realizează între arhitectură, pictură și sculptură pentru a crea un efect vizual covârșitor. O pictură în spatele altarului descrie martiriul Sfântului Andrei. Sufletul său se ridică la ceruri prin frontonul spart de deasupra, însoțit de mișcarea ascendentă a personajelor angelice, către dom.

↑ **San Carlo alle Quattro Fontane – Roma, Italia, FRANCESCO BORROMINI, 1633–1667**

Borromini a obținut complexitatea specifică stilului baroc prin suprapunerea compozițiilor arhitecturale, mai degrabă decât prin reunirea diferitelor medii de exprimare artistică. Interiorul derivă din combinarea unui triunghi, a unui cerc și a unui oval, fiecare cu rezonanțe simbolice, și unificarea lor sub un dom eliptic.

ALTE CONSTRUCȚII
în Italia

Sant'Ivo della Sapienza – Roma, **FRANCESCO BORROMINI,** 1642–1660; Piazza San Pietro – Roma, **GIANLORENZO BERNINI,** 1656; Santa Maria della Pace – fațada de vest și piața – Roma, **PIETRO DA CORTONA,** 1656–1657; Santa Maria dei Miracoli/Santa Maria in Monte Santo – Piazza del Popolo, Roma, **CARLO RAINALDI,** 1622; Palazzo Rezzonico – Veneția, **BALDASSARE LONGHENA,** 1667; Palazzo Carignano – Torino, **GUARINO GUARINI,** 1679; Templul Superga – Torino, **FILIPPO JUVARRA,** 1715–1727

rococo; sublim; gotic scolastic; manierism

idealism; neoclasicism; raționalism

Termenul de „absolutism" descrie tendințele arhitecturale ale puternicilor conducători ai Europei, care au creat statele absolutiste ale secolelor XVII și XVIII. Sursa lor de inspirație politică era diplomația din timpul Renașterii, astfel că istoricul Jacob Burckhardt folosea, în secolul XIX, termenul „statul ca operă de artă" – ceea ce însemna că fiecare aspect al guvernării era subiectul unei analize raționale și sublinia apropierea dintre artă, arhitectură și politică. Arhitectura absolutistă afișează, de asemenea, principiile Renașterii.

LOUIS LE VAU (1612–1670); **CLAUDE PERRAULT** (1613–1688); **JOHANN FISCHER VON ERLACH** (1656–1723); **JACQUES-ANGE GABRIEL** (1698–1782); **BARTOLOMEO RASTRELLI** (1700–1771); **LUIGI VANVITELLI** (1700–1773)

putere; monarhie; control centralizat; drept divin; autoritate

În absolutism, fie că era vorba de arhitectură sau arta guvernării, totul se învârtea în jurul monarhului la putere. Renașterea arătase potențialul clădirilor centralizate, iar manierismul și barocul introduseseră un grad de libertate care ajutase la consolidarea ideilor programatice. Totuși, absolutismul și-a adjudecat ideea clădirilor cu „centru de greutate", consolidându-le simetria cu elemente radiale, adăugând o scenografie barocă și prezentând totul la scară mare. Cel mai important (singurul, de altfel) monument este Versailles; de aici, Ludovic al XIV-lea putea să creadă că este Regele Soare, cu copacii și fântânile părând că se înclină în fața voinței sale, cu tot atâta umilință și respect ca și servitorii lui. Chiar și drumurile dinspre Paris converg spre curtea din fața palatului, ca și cum capitala și întreaga țară s-ar înclina la picioarele regelui.

Palatul de la Versailles datorează mult castelului Vaux-le-Vicomte. Chiar dacă mult mai mic, și acesta pare că „radiază" dintr-un anumit loc al unui parc bine gândit. Planurile grandioase ale creatorului său, Nicolas Fouquet, au trezit suspiciunea lui Ludovic al XIV-lea și Fouquet a fost condamnat la închisoare pe viață, ca o confirmare a puterii absolute a regelui.

Monarhii absoluți și arhitecții lor au înțeles că o construcție vastă poate fi și mai impresionantă, dacă se face uz de anumite trucuri de compoziție și perspectivă. Așa se face că întregul oraș Karlsruhe, în Germania, „radiază" dinspre palatul ducal înspre exterior, aproape până la limita statului. Țările mai mari nu puteau fi reduse la un singur oraș, însă prin planurile sale pentru Karlskirche, Johann Fischer von Erlach sugera că Viena era succesoarea Romei și a Constantinopolelui, iar Petru cel Mare a fondat un întreg oraș, Sankt Petersburg,

într-o încercare de a „atrage" Rusia în lumea modernă sub incontestabila lui putere – realizare consolidată de formidabila sa succesoare, Ecaterina cea Mare.

CONSTRUCȚII-CHEIE

→ **Versailles – Paris, Franța, LOUIS LE VAU și CHARLES LE BRUN, 1661–1678**

Ludovic al XIV-lea, „Regele Soare", cel mai puternic monarh al Europei, a extins în două etape (a șasea și a șaptea decadă ale secolului XVII) un castel relativ mic (reședința de vânătoare a tatălui său, Ludovic al XIII-lea). Scara la care a fost construit palatul de la Versailles a întins până la limite nebănuite ingeniozitatea arhitectonică, astfel putând fi creată o fațadă unitară, coerentă, de asemenea dimensiuni. Simbolistica așezării dormitorului regelui în mijloc, cu parcul radiind dinspre el, este evidentă.

↓ **Palatul de iarnă – Sankt Petersburg, Rusia, BARTOLOMEO RASTRELLI, 1754–1762**

Întregul Sankt Petersburg este un monument dedicat „instituției" țarismului – cea mai lungă monarhie absolută din Europa –, iar Palatul de iarnă este însăși „inima" acestui impresionant mecanism. Construit pentru țarina Elisabeta (al cărui tată, Petru cel Mare, era fondatorul orașului), palatul este mare, bogat decorat și are interioare magnifice, gândite să lase o puternică impresie asupra celor care le vizitează.

ALTE CONSTRUCȚII

Palatul Luvru, frontonul de est – Paris, Franța, **CLAUDE PERRAULT,** 1667; Karlskirche – Viena, Austria, **JOHANN FISCHER VON ERLACH,** 1716; Țarskoe Selo – Sankt Petersburg, Rusia, **BARTOLOMEO RASTRELLI,** 1749–1756; Palatul regal – Caserta, Italia, **LUIGI VANVITELLI,** 1751; Place de la Concorde – Paris, Franța, **JACQUES-ANGE GABRIEL,** 1755

rococo; preclasicism; sublim

raționalism; funcționalism; exotism

Empirism anglican

Versiune inventivă și bogată în decorațiuni a clasicismului, acest stil a apărut în Anglia la sfârșitul secolului XVII. Adaptând limbajul clasicismului la scopuri precise politice și practice, empirismul anglican prezintă asemănări cu barocul. Totuși, empirismul anglican nu a adoptat doctrina romano-catolică, pentru a se transforma treptat în absolutism, ci s-a format în jurul reconsacratei Biserici engleze, atunci când noua oligarhie aristocratică devenea forța politică dominantă și descoperirile științifice răsturnau convingeri bine înrădăcinate.

JOHN WEBB (1611–1672); **ROGER PRATT** (1620–1684); **CHRISTOPHER WREN** (1632–1723); **NICHOLAS HAWKSMOOR** (1661–1736); **JOHN VANBRUGH** (1664–1726); **JAMES GIBBS** (1682–1754)

cunoștințe noi; cercetare științifică; experiment; calcul; geometrie; pragmatism

La restaurarea monarhiei în Anglia, în 1660, climatul intelectual și structura patronajului se schimbaseră radical în urma introducerii de către Inigo Jones, cu o jumătate de secol în urmă, a clasicismului tipic perioadei Renașterii. Acest lucru este ilustrat de cariera lui Sir Christopher Wren, un om de știință ale cărui cunoștințe și poziție socială i-au permis să abordeze chestiunea construirii noii ordini sociale.

Primele clădiri ale lui Wren – Pembroke College Cambridge, unde unchiul său, episcopul de Ely, a dorit să se ridice o nouă capelă și a plătit ca acest lucru să fie înfăptuit, și Teatrul Sheldonian din Oxford, unde Wren era profesor de astronomie – au fost rezultatul legăturilor sale regaliste, ecleziastice și academice. La construcția teatrului, Wren și-a folosit cunoștințele de matematică pentru a da anvergură spațiului fără a recurge la bolte gotice sau la coloane intermediare. Cariera sa a cunoscut o creștere importantă după marele incendiu din Londra, din 1666, însă nici ambițiosul său plan al orașului și nici planurile pentru catedrala St. Paul nu au fost realizate vreodată. Totuși, numeroasele biserici ale căror planuri poartă semnătura sa arată extraordinara inventivitate de care a dat dovadă pentru a face față necesităților impuse de practicile liturgice anglicane, în locații adesea foarte mici și având forme incomode.

Timp de aproape cincizeci de ani începând cu 1669, ca supraveghetor general al antreprizelor comandate de rege, Wren a avut o mare influență – prin lucrările sale, dar și prin cele ale colegilor săi, precum Robert Hooke și John Evelyn – asupra practicilor arhitectonice, pe măsură ce acestea începeau să capete caracteristici intelectuale. Printre colaboratorii săi erau și Nicholas Hawksmoor, zidar de meserie, care a pus în practică ideile lui Wren, și Sir John Vanbrugh, dramaturgul – un om sclipitor, fost prizonier la Bastilia, care a conceput și planurile celor mai spectaculoase reședințe de țară din Anglia: Blenheim Palace și Castle Howard. Abaterile de la clasicism, pe care le afișează cu exuberanță și îndrăzneală, au atras mânia adepților palladismului, care au revoluționat stilurile Angliei de la începutul secolului XVIII.

CONSTRUCŢII-CHEIE

Teatrul Sheldonian – Oxford, Anglia,
SIR CHRISTOPHER WREN, 1664–1669

Wren şi-a folosit abilităţile de matematician, dezvoltate pe când era profesor la Oxford, pentru a reafirma apartenenţa la clasicism a unui amfiteatru roman din cadrul universităţii. El a gândit o reţea de căpriori relativ plaţi care să susţină deschiderea de aproximativ douăzeci de metri fără ajutorul boltelor gotice sau al coloanelor intermediare, deoarece acestea ar fi anulat efectul pe care îl urmărea arhitectul.

Blenheim Palace – Woodstock, Oxon, Anglia,
JOHN VANBRUGH, 1705–1720

Cea mai mare reşedinţă de ţară din Anglia poartă semnătura unei persoane fără pregătire arhitectonică. Ideile lui Vanbrugh, provenind dintr-o bogată şi variată experienţă de viaţă, dau lucrărilor sale o forţă care dezminte tiparele. Aspectele practice au fost rezolvate de Nicholas Hawksmoor.

ALTE CONSTRUCŢII

în Anglia

St. Stephen Walbrook – Londra, **SIR CHRISTOPHER WREN,** 1672–1687; Greenwich Naval College – Londra, **SIR CHRISTOPHER WREN** şi **JOHN WEBB,** 1696–1715; St. Mary Woolnoth – Londra, **NICHOLAS HAWKSMOOR,** 1716–1727; Christchurch Spitalfields – Londra, **NICHOLAS HAWKSMOOR,** 1723–1729; St. Martin in the Fields – Londra, **JAMES GIBB,** 1722–1726

invenţionism;
urbanism georgian

neoclasicism;
rococo

Rococo

Stilul rococo a împins la limite nebănuite bogăția ornamentelor și a formelor libere introduse de baroc în limbajul arhitectonic clasic. Asociată îndeaproape cu lumea romano-catolică – îndeosebi cu Sfântul Imperiu Roman și cu sudul Germaniei – arhitectura rococo accentuează aspectele misterioase, intuitive ale credinței; au apărut numeroase biserici, mănăstiri și palate pentru principii electori din Germania și pentru alți conducători.

JAKOB PRANDTAUER (1660–1726); **GERMAIN BOFFRAND** (1667–1754); **BALTHASAR NEUMANN** (1687–1753); **MATHAÜS PÖPPELMANN** (1662–1736); **LUKAS VON HILDEBRANDT** (1668–1745); **JOHANN DIENTZENHOFER** (1689–1751); **JOHANN MICHAEL FISCHER** (1692–1766); **GIUSEPPE GALLI DA BIBIENA** (1696–1757)

complexitate; lumină; iluzie; agitație; decorațiune

Stilul rococo combină principiile arhitectonice abstracte, bazate pe formă și geometrie, cu efectul narativ al (mai mult decât) generoaselor ornamente picturale. Balthasar Neumann, a cărui biserică de la Vierzehnheiligen, Bavaria, este apoteoza perioadei rococo, și-a început cariera ca inginer militar, până când prințul-episcop de Würzburg, angajatorul său, l-a trimis la Viena și la Paris să studieze arhitectura. În timp ce majoritatea contemporanilor săi din sudul Germaniei au înțeles noțiunile de bază ale domeniului construcțiilor și s-au mulțumit să își încarce clădirile cu ornamente, Neumann a adus o înțelegere a principiilor arhitectonice. La Vierzehnheilingen, el a compus un plan extrem de sofisticat de forme care se suprapun și volume line, fluide, plan în care spațiul, forma și lumina, în combinație cu ornamentele, adaugă rigoare intelectuală aspectului emoțional.

Scopul principal al arhitecților adepți ai stilului rococo, într-o perioadă în care scepticismul și schismele subminau autoritatea Bisericii Catolice, era de a oferi o experiență copleșitoare cu ajutorul efectelor sculpturale și picturale care sprijineau doctrina catolică. Totuși, puterea de a impresiona a acestui stil arhitectural a fost și pe placul legiuitorilor laici de pe cuprinsul Sfântului Imperiu Roman – de la prințișori neînsemnați până la împărat. Principele elector al Saxoniei, August cel Puternic, a comandat palatul Zwinger din Dresda pentru ceremoniile fastuoase pe care le organiza, însă decorațiunile sunt atât de bogate, cu elemente ornamentale suprapuse, aproape creând o lume fantastică, febrilă, indiferent de festivitățile care ar fi putut avea loc acolo.

Adăugând scenografia la elementele constructive, asociind totul cu autoritatea nobiliară și cu misticismul religios, rococoul reprezintă un concept arhitectural ce contrastează puternic cu linia generală pe care s-a dezvoltat arhitectura de la neoclasicism, prin raționalismul structural, până la modernism.

CONSTRUCȚII-CHEIE

Vierzehnheiligen – Bavaria, Germania, BALTHASAR NEUMANN, 1743–1772

Exteriorul acestei biserici dezvăluie foarte puțin din interiorul său luxuriant. În spatele fațadei vestice ondulate se ascund o navă compusă din două ovale (cel de-al doilea cuprinzând altarul cu cei paisprezece sfinți), două transepturi circulare și un alt oval pentru cor, toate împodobite cu decorațiuni elaborate care completează geometria.

↓ **Palatul Zwinger – Dresda, Germania, MATHAÜS PÖPPELMANN, 1711–1722**

Arhitectura ornamentată a palatului Zwinger mărturisește scopul pentru care a fost construit – organizarea de petreceri și spectacole. Palatul a fost comandat de principele elector al Saxoniei, August cel Puternic, și, deși este încărcat cu detalii aparținând clasicismului, acestea sunt combinate cu o exuberanță aflată clar în afara acestuia, mai aproape de gusturile hedoniste ale stăpânului său.

ALTE CONSTRUCȚII

în Austria

Mănăstirea Melk, **JAKOB PRANDTAUER,** 1702–1714; Belvedere – Viena, **LUKAS VON HILDEBRANDT,** 1714–1723

în Franța

Hotel de Soubise – Paris, **GERMAIN BOUFFRAND,** 1737–1740

în Germania

Castelul Pommersfelden, **JOHANN DIENTZENHOFER,** construit începând cu 1711; Abația Ottobeuren, **JOHANN MICHAEL FISCHER,** 1744–1767; Opera – Bayreuth, **GIUSEPPE GALLI DA BIBIENA,** 1747–1753

arhitectură industrială decorativă; baroc

neoclasicism; umanism; idealism

Palladism

Arhitectura lui Andrea Palladio a intrat în Anglia adusă de Inigo Jones, care l-a întâlnit pe Vincenzo Scamozzi, asistentul cunoscutului arhitect manierist, în călătoriile în Italia la începutul secolului XVI. Un secol mai târziu, lordul Burlington și alți câțiva arhitecți au adaptat principiile arhitectonice ale lui Palladio la condițiile sociale și climatice ale Angliei, și astfel Palladio și palladismul au devenit sursa de inspirație pentru construcția de reședințe în secolul XVIII.

COLEN CAMPBELL (1673–1729); **WILLIAM KENT** (1685–1748); **LORD BURLINGTON** (1694–1753); **HENRY FLITCROFT** (1697–1769); **THOMAS JEFFERSON** (1743–1826); **HENRY HOLLAND** (1745–1806)

Palladio; simetrie; proporție; Arcadia

În 1715, Colen Campbell a publicat *Vitruvius Britannicus*, o ironie la adresa exceselor unor arhitecți precum Wren, Hawksmoor și Vanbrugh. Ideile din această lucrare au găsit în lordul Burlington – un foarte bogat aristocrat în vârstă de 21 de ani, cu puternice înclinații artistice – un adept care avea și mijloacele financiare pentru a pune aceste idei în practică, și capacitatea de a aduce o contribuție substanțială la dezvoltarea lor.

Burlington i-a strâns pe artiștii protejați de el pentru a-i remodela casa din Piccadilly, în Londra – deși rezultatul final se datorează cel puțin în aceeași măsură și viziunii lui Burlington. Lordul s-a plictisit repede de rigiditatea lui Campbell și i-a transferat responsabilitatea lui William Kent care, chiar dacă inițial a fost pictor, a prosperat ca arhitect sub tutela lordului Burlington. Întregul grup admira lucrările lui Palladio, iar Burlington chiar a întreprins o a doua călătorie în Italia pentru a studia lucrările acestui arhitect – studiu printre ale cărui rezultate se numără vila din Chiswick a lui Burlington, care datorează mult planurilor lui Palladio pentru Villa Rotunda.

Burlington s-a inspirat din principiile clasiciste ale compoziției, punând accentul pe simetrie și detaliu. Cu structura lor dintr-un bloc central relativ mic și aripi laterale vaste, vilele din Veneția ale lui Palladio se potriveau perfect și stilului de viață, ambițiilor și posibilităților financiare ale englezilor proprietari de pământuri, în timp ce casele și bisericile purtând semnătura marelui arhitect italian au sugerat numeroase modele pentru casele de oraș și felurite instituții. De la cele grandioase – Wanstead, Stourhead sau Houghton Hall, construită pentru premierul Robert Walpole – până la cele mai modeste, influența lui Palladio, transmisă de Burlington și de asociații săi, a atins toate aspectele arhitecturii engleze, ajungând până în Rusia și în SUA.

CONSTRUCȚII-CHEIE

Chiswick House – Londra, Anglia, LORDUL BURLINGTON, 1725–1729

Lordul Burlington a numit „vilă" casa pe care și-a construit-o, folosindu-se de ea pentru a demonstra cunoștințele acumulate și stăpânirea principiilor derivate din arhitectura lui Palladio, a cărui Villa Rotunda i-a servit drept model. Totuși, apelul la diferite forme pentru încăperile casei și introducerea ferestrelor imediat sub dom, pentru a ilumina zonele centrale, arată că Burlington a adaptat aceste principii la circumstanțele locale.

↑ **Holkham Hall – Norfolk, Anglia, WILLIAM KENT, construită începând cu 1734**

Kent și-a început cariera ca pictor sub patronajul lordului Burlington, a cărui influență este evidentă la una dintre cele mai impresionante reședințe de țară din Anglia. Aici, motivele palladiene, soclul rustic, porticul corintic și ferestrele cu câte doi buiandrugi de fiecare parte a arcadei rotunde arată adaptarea la cerințele unui mare magnat englez, lordul Leicester.

ALTE CONSTRUCȚII

în Anglia

Burlington House (Academia Regală) – Londra, **COLEN CAMPBELL, WILLIAM KENT, LORDUL BURLINGTON** ș.a.; construită începând cu 1717; Castelul Mereworth – Kent, **COLEN CAMPBELL,** 1722–1725; Stourhead – Wiltshire, **COLEN CAMPBELL,** 1721–1724; Clădire-dormitor – Westminster School, Londra, **LORDUL BURLINGTON,** 1722–1730

în SUA

Monticello, Virginia, **THOMAS JEFFERSON,** 1769–1809

idealism; manierism; neoclasicism

baroc; rococo; medievalism

Urbanism georgian

În secolul XVIII, Londra, Edinburgh și Bath au redefinit scopul planificării urbane clasice. Lucrând la scară largă și sub constrângerea unei dezvoltări urbanistice aleatorii, arhitecții au extins repertoriul străzilor, scuarurilor și piețelor astfel încât să confere noilor cartiere un strop din grandoarea și ierarhizarea clasicismului. Chiar dacă locuințele individuale erau cel mai adesea construite simplu, cu minimum de ornamente, poziția lor în ansamblul general reușea să dea o impresie de clasicism, adaptat însă condițiilor economice și topografice locale.

INIGO JONES (1573–1652); **GEORGE DANCE CEL BĂTRÂN** (1695–1768); **GEORGE DANCE CEL TÂNĂR** (1741–1825); **JOHN WOOD CEL BĂTRÂN** (1704–1754); **JOHN WOOD CEL TÂNĂR** (1728–1781); **ROBERT ADAM** (1728–1792); **THOMAS LEVERTON** (1743–1824); **JOHN NASH** (1752–1835)

dezvoltare aleatorie; adaptare; meșteșug; economie

Inigo Jones și cu clientul său, contele de Bedford, au adus, la Covent Garden Piazza, planificarea urbanistică a Renașterii în Londra anilor 1630. Inspirat de călătoriile făcute în Italia și fiind la Paris pe când se construia Place Royale, Jones a desenat planurile unei piețe de formă regulată, înconjurată de case, cu biserica St. Paul la unul din capete. Acesta a fost precedentul de care a avut nevoie Londra când a început să se extindă, la puțin timp după mișcările politice de la jumătatea secolului XVII.

Marea inovație a acelui moment în arhitectură a fost împărțirea terenului în loturi mai înguste, pentru locuințele individuale, loturi care puteau fi date câte unul sau în grup, printr-un sistem de arendă ce obliga cumpărătorul să construiască pe terenul respectiv o casă care urma să revină proprietarului inițial al terenului – de obicei 99 de ani mai târziu. Familiile bogate, precum Russell (ducii de Bedford) și Grosvenor, care dețineau teren la marginea Londrei în plină

expansiune, au procedat astfel începând cu 1720, asigurându-se că așezarea și calitatea clădirilor sunt suficient de bune cât să poată păstra valoarea proprietăților lor.

Mutându-se din Londra în Bath, în 1727, John Wood cel Bătrân a început să lucreze la planurile pentru Queen Square, The Circus și Royal Crescent – planuri pe care fiul său, John Wood cel Tânăr, le termină cu aproape cincizeci de ani mai târziu. Fațade compuse cu pricepere, derivate din arhitectura clasicistă, ascund faptul că în spatele lor se află locuințe individuale, și nu palatele unor nobili. Ca șef al lucrărilor de construcție din Londra, în 1767, George Dance cel Tânăr a folosit forma pieței rotunde cu străzi radiale pentru a strecura arterele cu trafic intens printre clădirile monumentale; pe la 1800, aceste piețe și scuaruri deveniseră parte integrantă a planificării urbanistice de la Bristol până la Edinburgh, unde frații Adam au dezvoltat ideea unificării mai multor clădiri în spatele unei singure fațade – vezi Fitzroy Square și Adelphi, în Londra.

CONSTRUCȚII-CHEIE

↑ **Bedford Square – Londra, Anglia, THOMAS LEVERTON, (construită începând cu 1775)**

Londra s-a extins rapid în secolul XVIII, pe măsură ce proprietarii de terenuri situate la marginea orașului au început să își transforme proprietățile în cartiere de locuit. Majoritatea acestora au urmat același tipar: terenul era împărțit în străzi, piețe și loturi pentru locuințe vândute apoi unor constructori individuali care acceptau condițiile puse de proprietari și care erau menite să asigure un anumit grad de omogenitate. Bedford Square se află pe un teren aparținând ducilor de Bedford.

← **Royal Crescent – Bath, Anglia, JOHN WOOD CEL TÂNĂR, 1767–1771**

În secolul XVIII, arhitecții englezi căutau în construcțiile Romei antice precedente pentru planurile noilor cartiere pe care trebuiau să le construiască. Astfel, Royal Crescent se bazează oarecum pe Colosseum, adaptat la cerințele situației: case de locuit pentru rezidenții unei stațiuni la modă. Folosirea la o scară uriașă a semicoloanelor ionice dă grandoare întregului complex, chiar dacă restul ornamentelor, puține și împrăștiate, trădează faptul că, la fel ca aproape toate planurile urbanistice din acea perioadă, și Royal Crescent era un alt caz de dezvoltare aleatorie a unui oraș.

ALTE CONSTRUCȚII
în Anglia

Edinburgh, Orașul nou, construit începând cu 1767; Covent Garden Piazza– Londra, **INIGO JONES,** construită începând cu 1631; The Minories – Londra, **GEORGE DANCE CEL TÂNĂR,** 1765–1770; St. George's Circus – Southwark, Londra, **GEORGE DANCE CEL TÂNĂR,** 1785–1820; Adelphi – Londra, **ROBERT** și **JOHN ADAM,** 1768–1772; Regent Street și Regent Park – Londra, **JOHN NASH,** construite începând cu 1811

empirism anglican; neoclasicism; clasicism regional; clasicism roman

antiurbanism; pietism; arhitectură victoriană

3

MODERNISM TIMPURIU

Neoclasicism

TLR

Neoclasicismul a apărut ca urmare a convingerii că stilurile baroc și rococo au dus arhitectura prea departe de originile sale și din preocuparea de a descoperi care anume erau aceste origini. Gândirea rațională, derivată din climatul intelectual al Iluminismului, și descoperirile arheologice au sprijinit aceste căutări.

MARC-ANTOINE LAUGIER (1713–1769); **JACQUES-GERMAIN SOUFFLOT** (1713–1780); **JACQUES GONDOIN** (1737–1818); **THOMAS JEFFERSON** (1743–1826); **PIERRE VIGNON** (1762–1828); **BENJAMIN LATROBE** (1764–1820); **KARL FRIEDRICH SCHINKEL** (1781–1841); **ROBERT SMIRKE** (1781–1867); **LEO VON KLENZE** (1784–1864)

sobrietate; succesiune; formă; disciplină; rațiune; Iluminism

La modul superficial, neoclasicismul a apărut în urma cunoștințelor rezultate din descoperirile arheologice din centrele culturale și economice ale Antichității. Cu toate acestea, apariția neoclasicismului a avut și o importantă dimensiune teoretică. Tot ce înseamnă arhitectură – spunea Marc-Antoine Laugier în *Eseu despre arhitectură,* în 1753 – ar putea fi derivat din „coliba primitivă", din „nobilul răspuns rațional al omului sălbatic" la nevoia de adăpost, chiar dacă acest adăpost avea o structură simplă compusă din patru trunchiuri de copac pe post de coloane și crengi în locul acoperișului înclinat. Aceste elemente au fost organizate în forme de bază – pătrate și triunghiuri – reflectând astfel convingerea că rațiunea și formele naturale au aceleași rădăcini.

Această opinie intelectualistă furniza o alternativă atrăgătoare la rococo și datora mult descrierii pe care Vitruvius a făcut-o originilor mitice ale arhitecturii, însă a constituit mult mai mult decât o simplă revigorare a formelor antice. În ultimă instanță, a furnizat arhitecturii un model conceptual care a înlocuit cu conexiuni raționale dependența de tradițiile stilistice. Astfel, neoclasicismul a fost baza pe care s-au ridicat structuralismul rațional și, mai târziu, modernismul în arhitectură.

Susținând întâietatea coloanelor în defavoarea contraforților și a pilaștrilor, precum și a folosirii antablamentelor în loc de arcade, planurile lui Jacques-Germain Soufflot pentru biserica Sfânta Genoveva, patroana spirituală a Parisului, demonstrează influența lui Laugier. Această arhitectură „disciplinată", apărută în timpul Iluminismului francez, a inspirat numeroase lucrări. Era alegerea cea mai potrivită pentru numărul în continuă creștere al muzeelor – de la British Museum, purtând semnătura pedantului Robert Smirke, până la elegantul și rafinatul Altes Museum din Berlin, al cărui arhitect a fost Karl Friedrich Schinkel. William Wilkins, arhitectul clasicist convertit la neoclasicism, a adoptat acest stil când a făcut planurile pentru University College din Londra, iar Benjamin Latrobe l-a dus în SUA.

CONSTRUCȚII-CHEIE

Altes Museum – Berlin, Germania, KARL FRIEDRICH SCHINKEL, 1824–1828

Seria de coloane ionice gigante care întâmpină vizitatorii arată modul auster și riguros în care Schinkel a interpretat clasicismul. Combinația de cultură și discipină care definea arhitectura elenă a fost adaptată pentru a face față funcției specifice a clădirii și, în general, pentru a servi ambițiilor prusace de a transforma Berlinul într-o „Atenă a nordului".

↓ **Panteonul (fosta Sainte Geneviève) – Paris, Franța, JACQUES-GERMAIN SOUFFLOT (construită începând cu 1756)**

Planurile lui Soufflot pentru biserica patroanei spirituale a Parisului sunt o versiune neoclasică a formulei folosite la construirea uriașelor catedrale cu domuri mari așezate deasupra unor nave vaste. Soufflot a gândit structura cu coloane și antablamente, transformând interiorul într-o „pădure" de elemente aparținând clasicismului.

ALTE CONSTRUCȚII

Școala de chirurgie – Paris, Franța, **JACQUES GONDOIN,** 1769-1775; Casa Albă – Washington DC, SUA, **JAMES HOBAN** și **BENJAMIN LATROBE,** 1792–1829; Catedrala din Baltimore – Maryland, SUA, **BENJAMIN LATROBE,** 1804–1818; La Madeleine – Paris, Franța, **PIERRE VIGNON,** 1806, Gliptoteca – Munchen, Germania, **LEO VON KLENZE,** 1816–1834; Universitatea Virginia – Charlottesville, Virginia, SUA, **THOMAS JEFFERSON,** 1817–1826; British Museum, Londra, Anglia, **ROBERT SMIRKE,** 1823–1847

clasicism elen; umanism; idealism; palladism; neoraționalism

baroc; rococo; medievalism; victorianism

Exotism

Asimetria deliberată și compoziția picturală au permis arhitecților să introducă noi efecte vizuale și să sugereze relația cu natura în feluri care nu erau posibile în tradiția clasicistă. Precedentele au fost stabilite de pictorii peisagiști, cum era Claude Lorrain, și de numeroase surse literare. Dar interesul pentru arhitectura non-clasicistă i-a făcut pe unii arhitecți să se întoarcă spre clădirile gotice, indiene și chinezești.

WILLIAM CHAMBERS (1723–1796); **JAMES WYATT** (1747–1813); **JOHN NASH** (1752–1835); **SAMUEL PEPYS COCKERELL** (1754–1827)

orientalism; pictural; senzație; incitare; neliniște

Decorurile neregulate, unde natura pare că domină intelectul, trezesc senzații plăcute privitorului – susțineau teoreticienii Richard Payne Knight și Uvedale Price la sfârșitul secolului XVIII. Ideile lor au conferit o dimensiune intelectuală tendințelor din arhitectura peisageră, care deja experimenta cu influențele exotice venite din Orientul Îndepărtat. Odată cu pagoda din Kew Garden și cu Pavilionul Chinezesc (ambele terminate în anii 1760) din Swedish Royal Palace de la Drottningholm, formele orientale și-au ocupat locul firesc, alături de ruinele false, în grădini și parcuri. Această lipsă de formalism a reușit să se strecoare până și în Franța – vezi fantezista așezare pastorală de lângă Micul Trianon, în grădinile palatului Versailles, construit pentru Maria Antoaneta.

Arhitecții erau încântați de contrastul cu clasicismul academic și de posibilitățile pe care aceste noi idei le ofereau, deschizând calea către o întreagă pleiadă de efecte vizuale. John Nash a explorat asimetriile de compoziție și detaliul gotic, înainte de a transforma Pavilionul Regal de la Brighton

(1815–1823) al prințului regent într-o fantezie orientală. Până și Regent Park, cu aparența sa clasică, are o puternică scenografie. Alături de Sezincote House, reședința construită de Samuel Pepys Cockerell pentru fratele său, Sir Charles , la retragerea acestuia din comerțul cu India, Pavilionul Regal arată cum aceste stiluri arhitecturale au devenit, din afișare publică a statutului social și intelectual, un mod de satisfacere a fanteziilor personale. Chiar dacă folosirea lor ulterioară a năzuit spre o și mai mare precizie, a persistat asocierea anumitor stiluri cu anumite seturi de valori.

CONSTRUCȚII-CHEIE

↓ Pavilionul Regal – Brighton, Anglia, JOHN NASH, 1815–1823

În timp ce Chambers urmărea acuratețea lucrărilor sale, Nash a folosit stilurile arhitectonice ca bază de la care să construiască efecte vizuale spectaculoase. Nu a avut nici un fel de scrupule în a amesteca și a inventa detalii; scopul său era să provoace iluzii și să facă apel la emoții și simțuri, mai degrabă decât la intelect și erudiție.

↑ Pagoda – Kew Gardens, Londra, Anglia, WILLIAM CHAMBERS, 1757–1762

Gustul pentru decorațiunile chinezești a apărut în Europa în secolul XVIII, pe măsură ce comerțul cu China se intensifica. Chambers a fost unul dintre foarte puținii arhitecți europeni care a și vizitat China. Ideea era de a conferi grație grădinilor unui palat cu ajutorul formelor provenind din afara tradiției occidentale. Totuși, Chambers s-a străduit fără succes să obțină aceeași acuratețe arheologică din lucrările sale clasice.

ALTE CONSTRUCȚII

Pavilionul Chinezesc, Drottningholm – Suedia, **CARL JOHAN CRONSTEDT** și **CARL FREDRIK ADELCRANTZ,** 1760; Sezincote House – Gloucestershire, Anglia, **SAMUEL PEPYS COCKERELL,** 1803–1815; Ashbridge House – Hertfordshire, Anglia, **JAMES WYATT,** construită începând cu 1808

rococo; expresionism; postmodernism

neoclasicism; raționalism; palladism

În secolul XVIII, estetica – disciplină nou apărută – a început să disece înțelesurile convenționale și asociațiile de idei ale formelor și stilurilor arhitectonice tradiționale. Însă explorând cum provoacă arta efecte senzoriale și intelectuale, estetica a sporit posibilitățile de exprimare ale arhitecturii, iar sublimul a exploatat aceste noi oportunități.

ETIENNE-LOUIS BOULLÉE (1728–1799); **CLAUDE-NICOLAS LEDOUX** (1736–1806); **GEORGE DANCE CEL TÂNĂR** (1741–1825); **JOHN SOANE** (1753–1837); **CARLO ROSSI** (1755–1849);

copleșitor; expresie; control; grandoare; rațiune; Iluminism

Faimosul contrast dintre sublim și frumos, subliniat de filozoful politic Edmund Burke, și-a găsit ecoul în artă târziu în secolul XVIII. Observarea obiectelor ordonat aranjate induce un sentiment de tihnă și satisfacție care, după Edmund Burke, e echivalent cu frumusețea. Prin contrast, o priveliște agitată, dezordonată, incompletă generează un copleșitor sentiment de teroare, chiar dacă priveliștea nu este teribilă în sine. Acesta era sublimul care, prin arhitectura peisageră, prin interesul crescând pentru ruine și prin ilustrații ca gravurile lui GB Piranesi, al căror subiect era închisoarea, și-a găsit calea către arhitectură.

Claude-Nicolas Ledoux a născocit un întreg limbaj clasicist în compozițiile pline de inventivitate ce evocau elementele platonice, convertindu-le în forme adaptate funcțiilor pe care trebuiau să le îndeplinească clădirile respective, la care se adăuga detaliul grafic, cu scop de consolidare a simbolisticii. Barierele (cu birouri vamale cu tot) construite de el în jurul Parisului înaintea Revoluției Franceze au conferit o și mai mare putere expresiei autorității, iar planurile sale pentru „orașul ideal” perfecționează sinteza între formele elementare, funcție și detaliu simbolic.

Planurile pe care Etienne-Louis Boullée le-a făcut în 1784 pentru cenotaful lui Newton (pe care nu l-a realizat niciodată) reflectă interesul pentru știință și rațiune, iar formele pure, solide ale neoclasicismului – în acest caz, sfera – erau mijloacele potrivite pentru a exprima acest interes. Însă scara la care a fost gândit monumentul era atât de mare încât enormitatea structurii și ideea pe care o reprezintă sunt copleșitoare – efect obținut și cu planurile monumentului care ar fi trebuit să fie dedicat Ființei Supreme.

La o scară mai mică și mai practică, John Soane, care l-a întâlnit pe Piranesi și apoi s-a împrietenit cu pictorul JMW Turner, a evocat sublimul prin spații agitate, mobile, cu limite greu de identificat și surse de lumină mascate ce sugerează puteri nevăzute. Soane a folosit elementele clasicismului și detalii gotice, arătând că exprimarea sublimului revoluționa arhitectura clasicistă și deschidea și calea altor tradiții.

CONSTRUCȚII-CHEIE

← **Bariera la Villette – Paris, Franța, CLAUDE-NICOLAS LEDOUX, 1785–1789**

Cu puțin timp înainte de Revoluția Franceză de la 1789, Ledoux a desenat planurile mai multor bariere vamale unde să se colecteze taxele pentru bunurile introduse în Paris. În ciuda scopului lor, Ledoux a experimentat cu idei arhitecturale revoluționare – așezând un cilindru peste un plan clasic în cruce. În plus, ornamentația modestă consolidează efectul volumelor pure, generate parcă de o forță brută.

Salon pentru micul dejun – Muzeul Sir John Soane, Londra, Anglia, JOHN SOANE, 1812
Această cameră din locuința lui Soane sugerează fenomene copleșitoare ce se petrec dincolo de limitele perceptibilității. Un dom de mică adâncime definește centrul încăperii, iar lumina se strecoară înăuntru prin ferestrele ascunse de deasupra, pentru ca apoi să fie preluată și împrăștiată de numeroase oglinzi – astfel camera e inundată de o strălucire diafană. Picturile alese cu grijă adaugă asociații narative efectului de ansamblu.

ALTE CONSTRUCȚII
All Hallows by the Tower – Londra, Anglia, **GEORGE DANCE CEL TÂNĂR,** 1765; Salinele regale – Arc-et-Senan, Franța, **CLAUDE-NICOLAS LEDOUX,** 1775–1779; Banca Angliei – Londra, Anglia, **JOHN SOANE,** construită începând cu 1792; Cartierul general al Statului Major – Sankt Petersburg, Rusia, **CARLO ROSSI,** 1819–1829

baroc; urbanism monumental; neoclasicism; preclasicism; imperialism

medievalism; antiurbanism; rococo

Raționalism structural

Atunci când a devenit posibilă calcularea liniilor de forță dintr-o structură, teoreticienii arhitecturii au savurat șansa care li se oferea, de a transforma matematica practică în literă de lege. Deformările necesare acestui scop au furnizat legătura dintre neoclasicism, gotic și modernism.

JEAN NICOLAS LOUIS DURAND (1760–1834); **HENRI LABROUSTE** (1801–1875); **GOTTFRIED SEMPER** (1803–1879); **AUGUSTUS PUGIN** (1812–1852); **EUGÈNE VIOLLET-LE-DUC** (1814–1879) **ANATOLE DE BAUDOT** (1834–1915); **HENDRICK BERLAGE** (1856–1934); **AUGUST PERRET** (1874–1954)

raționalism; logică; înțelepciune; ordine

Aparenta rațiune a științei era exact ceea ce-i trebuia Iluminismului aflat într-o permanentă căutare a limpezimii gândului. Acestea au dat naștere neoclasicismului, însă JNL Durand, profesor la influenta École Polytechnique de Paris începând cu anul 1795, a dus logica un pas mai departe, sugerând că baza intelectuală a arhitecturii rezidă în știință, mai degrabă decât într-un irecuperabil trecut mitologic. Scopul său era să traducă raționalismul ingineriei în planuri logice, funcționale, cu ajutorul unui caroiaj de forma unui pătrat. Aparent, acest lucru a trimis elementele decorative arhitecturale pe un plan secundar, însă prin ruperea legăturilor dintre structură și ornament au apărut semne de întrebare legate de relația dintre formă, funcție și semnificație.

Biblioteca Națională din Paris, de Henri Labrouste, a sugerat o nouă sinteză. Planul construcției cu structură metalică e simplu și rațional, însă puținele elemente decorative folosite, chiar dacă nu s-au îndepărtat foarte mult de tiparele clasicismului, transmit o interpretare bogată în simboluri a funcției îndeplinite de clădire și a relației dintre arhitectură și cultură.

Atât Eugène Viollet-le-Duc, cât și Augustus Pugin au folosit retorica raționalismului structural pentru a-și susține preferința pentru stilul gotic. Pugin afirma că lipsa oricărui element fără un rost anume făcea ca stilul gotic să fie virtuos moralmente, în timp ce

Raționalism structural

Viollet-le-Duc sublinia aparenta obârșie a goticului în principiile structurale.

La începutul secolului XX, arhitecți precum Hendrick Berlage au început să exploreze ideea că structura însăși poate crea spațiu, în același timp referindu-se la scopul ei fără a avea nevoie de decorațiuni – formulă ce a atins apogeul în perioada de început a modernismului.

CONSTRUCȚII-CHEIE

← **Bursa de mărfuri – Amsterdam, Olanda, HENDRICK BERLAGE, 1897–1903**

Berlage și-a format propriul concept de raționalism structural inspirându-se din numeroase surse – inclusiv din lucrările lui Viollet-le-Duc și ale lui Semper. În cazul acestei construcții, el a dorit ca elementele de rezistență – console, grinzi, centuri – să indice vizual cum anume sunt direcționate forțele.

↓ **Biblioteca Națională – Paris, Franța, HENRI LABROUSTE, 1860–1868**

Convins că ornamentul trebuie să vină chiar din construcția însăși, Labrouste a fost unul dintre primii arhitecți care au găsit un potențial de exprimare în elementele constructive din metal. Formele derivă din posibilitățile de prelucrare a materialului, biblioteca depășind limitele cunoscute până atunci și anticipând utilizările ulterioare ale metalului în arhitectură.

ALTE CONSTRUCȚII

în Franța

Biblioteca Sainte Geneviève – Paris, **HENRI LABROUSTE,** 1845–1850; St. Denys-de-l'Estrée – lângă Paris, **EUGÉNE VIOLLET-LE-DUC,** 1864–1867; St. Jean de Montmartre – Paris, **ANATOLE DE BAUDOT,** 1897–1905; Notre-Dame du Raincy – Paris, **AUGUST PERRET,** 1922–1923

raționalism; materialism

sublim; rococo; expresionism

Materialism

Arhitecții de la jumătatea secolului XIX au dezbătut îndelung problema folosirii metalului și a sticlei în lucrările lor, și deoarece acestea trebuiau să fie utilizate la noile tipuri de contrucții, cum erau gările, chestiunea nu a putut fi ignorată. Problema principală era dacă materialele ar trebui adaptate la noile canoane ale arhitecturii, care de milenii evoluase în jurul pietrei și lemnului, sau dacă posibilitățile oferite de aceste noi materiale ar trebui exploatate indiferent de tradiție.

SIDNEY SMIRKE (1798–1877); **LEWIS CUBITT** (1799–1883); **DECIMUS BURTON** (1800–1881); **JOSEPH PAXTON** (1801–1865); **PETER ELLIS** (1804–1884); **ISAMBARD KINGDOM BRUNEL** (1806–1859); **BENJAMIN WOODWARD** (1816–1861); **MATTHEW DIGBY WYATT** (1820–1877)

material; metal; sticlă; ornament; structură

Posibilitatea de a face din metal structuri eficiente – fapt demonstrat de podul construit de Abraham Darby la Coalbrookdale în 1779 – a dinamitat teoriile arhitectonice convenționale, care făceau apologia materialelor și formelor tradiționale. „Fitilul" acestei adevărate bombe a ars încet până prin 1830, când creșterea producției de oțel și descoperirea a noi modalități de folosire a acestuia în construcții a coincis cu afirmațiile teoreticienilor precum Augustus Pugin cum că arhitectura ar trebui să rămână fidelă materialelor care au consacrat-o. Au urmat nenumărate discuții. Medievaliștii au exclus metalul din arhitectură, alții au încercat, reușind în mai mare sau mai mică măsură, să găsească un echilibru între logica metalului și convențiile arhitectonice, iar foarte puțini arhitecți au știut să recunoască și să accepte potențialul metalului de a crea un tip nou de arhitectură.

În ciuda eforturilor pe care echipa de arhitecți Matthew Digby Wyatt – Isambard Kingdom Brunel le-a făcut pentru a atenua aspectul brut al Paddington Station, folosindu-se de elemente care să-i confere o oarecare sensibilitate arhitecturală, John Ruskin, influent critic social și de artă al epocii victoriene, a afirmat că va mai dura până să fie utilizat metalul. Opiniile lui Ruskin l-au făcut pe Benjamin Woodward să-l convingă pe Francis Skidmore din Coventry, cel mai renumit fierar al acelor vremuri, să născocească o structură gotică pentru curtea interioară de la Oxford Museum. Însă existau două structuri care demonstraseră deja potențialul metalului: vastul Crystal Palace al lui John Paxton, construit în 1851 cu o extraordinară rapiditate, evident din elemente prefabricate, precum și magifica Palm House din Kew Gardens, de Decimus Barton și Richard Turner – construcție a cărei evidentă logică depășește convențiile arhitecturale.

St. Pancras Station marchează punctul în care a fost abandonată orice încercare de a uni metalul cu stilurile tradiționale. Această ruptură între arhitectură și inginerie a avut ecou multe generații, atingând punctul culminant în modernism.

CONSTRUCȚII-CHEIE

← **Palm House – Kew Gardens, Londra, Anglia,**
DECIMUS BURTON și RICHARD TURNER, 1849
O seră pentru palmieri era un proiect care demonstra fără putință de tăgadă potențialul metalului și al sticlei de a închide un spațiu mare într-un mod practic, alcătuind o structură ușoară, trasparentă. Priceperea lui Turner în prelucrarea metalului a completat perfect sensibilitatea neoclasică a lui Burton, din colaborarea lor rezultând o clădire rafinată, foarte originală, construită din materiale neconvenționale, cu doi ani înainte de Crystal Palace.

↓ **Muzeul de Istorie Naturală – Oxford, Anglia,**
THOMAS DEANE și BENJAMIN WOODWARD, 1854–1858
Muzeul a fost conceput de Thomas Acland, profesor de medicină la Universitatea Oxford, ca un index al istoriei naturale. Acoperișul de metal și sticlă „goticizat" arată puternica influență pe care o aveau opiniile privitoare la arhitectură ale lui John Ruskin, care susținea că stilul gotic e cel mai aproape de natură – dovedind încă o dată ruptura dintre progresul științei și reprezentarea stilistică.

ALTE CONSTRUCȚII
în Anglia
The Crystal Palace – Londra, **JOSEPH PAXTON,** 1851; King Cross Station – Londra, **LEWIS CUBITT,** 1850–1852; Old Reading Room – British Museum, Londra, **SIDNEY SMIRKE,** 1852–1857; Paddington Station – Londra, **ISAMBARD KIGDOM BRUNEL** și **MATTHEW DIGBY WYATT,** 1854; Oriel Chambers – Liverpool, **PETER ELLIS** 1864–1865

raționalism structural;
industrialism

expresionism;
baroc

Medievalism

Medievaliștii considerau că societatea medievală dovedise virtuți morale pe care fie Iluminismul, fie industrializarea le distrusese. Chiar dacă era imposibil ca acea societate să fie recreată, reproducerea artefactelor specifice acelei perioade ar fi avut ca rezultat răspândirea respectivelor virtuți pierdute. Acela a fost momentul în care estetica a luat o turnură morală și didactică.

AUGUSTUS PUGIN (1812–1852); **WILLIAM BUTTERFIELD** (1814–1900); **EUGÈNE VIOLLET-LE-DUC** (1814–1879); **JOHN LOUGHBOROUGH PEARSON** (1817–1897); **GEORGE EDMUND STREET** (1824–1881); **WILLIAM BURGES** (1827–1881)

medieval; gotic; ornament; detaliu

Crizele sociale și religioase din a treia și a patra decadă a secolului XIX au adus o accentuare a eforturilor de reînsuflețire a goticului, transformându-le dintr-o distracție pentru diletanții avuți într-o activitate serioasă de inginerie socială. Augustus Pugin, romano-catolic fervent și arhitect prolific, susținea că modalitatea cea mai bună de a lupta cu problemele de ordin social provocate de industrializare era recrearea societății Evului Mediu târziu, prin imitarea exactă a arhitecturii morale, logice, din acea perioadă.

În Franța, Eugène Viollet-le-Duc a preluat și a dezvoltat opiniile lui Pugin, obținând raționalismul structural. Aspectul moral a fost dezvoltat și mai elocvent de John Ruskin, care afirma că „fluiditatea" stilului gotic făcea ca acesta să fie o extensie a naturii și, prin urmare, lucrarea lui Dumnezeu. Această latură morală s-a extins de la scopul clădirilor la construcția lor, având în vedere că libertatea de exprimare pe care o căpătaseră lucrătorii îi eliberase de ceea ce Ruskin considera a fi „sclavia" copierii detaliului clasic. Undeva între catolicismul lui Pugin și creștinismul evanghelic al lui Ruskin, Înalta Societate Ecleziastică Anglicană a recomandat să se facă modificări la vechile biserici și a impus anumite norme în construirea celor noi.

Date fiind aceste influențe combinate, majoritatea clădirilor publice din Anglia, de la Parlament (1835–1860) până la Curtea Regală de Justiție (1868–1882), au căpătat accente gotice. Chiar și când limitările acestei încercări de reluare a stilurilor arhitectonice istorice au devenit evidente, influența lui Pugin și a lui Ruskin s-a făcut din nou simțită, de data aceasta în artă și meșteșuguri.

CONSTRUCȚII-CHEIE

↑ **All Saints – Margaret Street, Londra, Anglia, WILLIAM BUTTERFIELD, 1850–1859**

Clădirea din Margaret Street adăpostea Societatea Ecleziastică – un grup de preoți și arhitecți care considera că reînnoirea spirituală putea fi obținută prin aplicarea corectă a principiilor arhitecturale clasice. Chiar dacă subscria convingerilor lor, clădirea lui Butterfield este originală în compoziție și proporții, pentru a se încadra în aglomerarea urbană, și dovedește o inventivitate extraordinară în ceea ce privește elementele decorative.

Curtea Regală de Justiție – Londra, Anglia, GEORGE EDMUND STREET, 1868–1882

Cu această lucrare, Street a reușit să recreeze într-un mod mult mai convingător și mai savant stilul gotic din secolul XIII, despre care se credea că avea calitățile didactice și asociative adecvate unei instituții care trebuia să fie un simbol al Angliei contemporane și, totodată, să asigure o îmbunătățire a aplicării justiției.

ALTE CONSTRUCȚII
în Anglia

Castelul Cardiff – Wales, **WILLIAM BURGES,** 1868–1885; St. Augustine – Ramsgate, **AUGUSTUS PUGIN,** 1846–1851; St. James the Less – Londra, **GEORGE EDMUND STREET,** 1858–1861; St. Augustine's Kilburn – Londra, **JOHN LOUGHBOROUGH PEARSON,** 1870–1880

gotic comercial; gotic scolastic; arhitectură victoriană; antiurbanism

neoclasicism; arhitectură industrială decorativă; urbanism monumental

Arhitectură victoriană

Stilul victorian este caracterizat adesea ca o „bătălie" a stilurilor gotic și clasic. Cu toate acestea, lupta se dădea la un nivel mai subtil, dintr-o profundă dorință de a facilita înțelegerea noilor tehnologii și a schimbărilor sociale, care să fie incorporate în tradiția arhitecturală.

CHARLES BARRY (1795–1860); **ANTHONY SALVIN** (1799–1881); **GEORGE GILBERT SCOTT** (1811–1877); **AUGUSTUS PUGIN** (1812–1852) **WILLIAM BUTTERFIELD** (1814–1900); **ALFRED WATERHOUSE** (1830–1905)

monumentalism; didacticism; urbanism; industrialism

Arhitectura victoriană e reprezentativă pentru o societate prinsă între un extraordinar progres tehnologic și respectul pentru tradiție. Această tensiune a făcut posibilă apariția unor clădiri „elefantine", masive și lipsite de grație, decorate cu detalii derivate din arhitectura istorică – la o scară și folosind tehnici ce păreau de domeniul fanteziei înainte de secolul XIX. Stilurile istorice încă puteau exprima valorile pe care le reprezentau, chiar dacă fuseseră puțin „aranjate" astfel încât să facă față noilor funcționalități sau transformate complet, până la a deveni de nerecunoscut, de enormele schimbări sociale. Faptul că elementele decorative istorice începuseră să fie produse industrial a ridicat întrebarea dacă nu ar trebui făcute în același fel tradițional pentru a exprima înțelesurile dorite.

Noile metode de finanțare și organizarea muncii au permis lucrări complexe și masive de inginerie, cum erau căile ferate și sistemele de canalizare, care au dus la o creștere continuă a complexelor urbane. Noile tipuri de clădiri, cum erau gările, puteau fi construite doar folosindu-se tehnologii și materiale noi, cum erau metalul și sticla. Cum toate acestea nu aveau precedent în arhitectura clasicismului sau în cea gotică, felul în care trebuiau privite era destul de problematic. Răspunsurile erau relativ variate: de la neornamentatul depou de vagoane St. Pancras până la hotelul Midland, din fața depoului, o clădire gotică încărcată cu sticlă și cu ornamente din metal.

Chiar și un tip de clădire tradițional, cum era un colegiu, trădează temperamentul acelor vremuri. Colegiul Keble a rupt legăturile cu trecutul, fiind mai ieftin și mai puțin impresionant decât augustii săi înaintași – parțial deoarece Butterfield era gata să apeleze la materiale produse industrial și la noi modalități de organizare a procesului de construcție. În plus, de mare ajutor a fost și o donație importantă venită din partea familiei Gibbs.

CONSTRUCȚII-CHEIE

← **Colegiul Keble – Universitatea Oxford, Anglia, WILLIAM BUTTERFIELD, 1868–1882**

Butterfield a căutat să creeze o versiune a goticului care să profite de avantajele oferite de schimbările sociale și tehnologice ale secolului XIX. El a folosit materiale de construcție produse industrial și, prin asumarea responsabilității pentru design și ornamente, în loc să delege pentru aceasta alte persoane, s-a apropiat de ceea ce avea să devină relația standard dintre arhitect și constructor.

↓ **Gara St. Pancras – Londra, Anglia, GEORGE GILBERT SCOTT (Midland Hotel), 1868–1874, și WILLIAM HENRY BARLOW (depoul de vagoane), 1863–1865**

St. Pancras e ilustrarea dilemei arhitecturii victoriene. Chiar și acolo unde goticul a putut fi extins până la dimensiunile fără precedent ale hotelului împreună cu anexele sale, nu a putut fi folosit și la depoul de vagoane, deoarece acesta a trebuit să îndeplinească anumite cerințe funcționale – o înălțime necesară evacuării aburului de la locomotive. Nu a fost făcută nici o încercare de integrare arhitecturală a celor două construcții, care doar se învecinează.

ALTE CONSTRUCȚII

în Anglia

Harlaxton Manor – Lincolnshire, **ANTHONY SALVIN,** 1834– 1855; Clădirea Parlamentului – Londra, **CHARLES BARRY** și **AUGUSTUS PUGIN,** 1835–1868; Ministerul Afacerilor Externe – Londra, **GEORGE GILBERT SCOTT,** 1860–1875

medievalism; urbanism monumental; arhitectură industrială decorativă

neoclasicism; antiurbanism

Urbanism monumental

Masiva expansiune pe care au cunoscut-o orașele în secolul XIX a adus cu sine metode noi de construcție și dezvoltarea activităților economice și sociale, ceea ce a generat apariția a noi tipuri de clădiri, în timp ce schimbările sociale și politice au fost însoțite de o cerere crescândă pentru noi instituții și străzi. Orașele, așa cum evoluaseră ele din Renaștere, nu puteau face față acestor provocări, așa că arhitecții și urbaniștii au căutat noi tipare de dezvoltare pentru aglomerările urbane.

JEAN FRANÇOIS THÉRÈSE CHALGRIN (1739–1811); **CHARLES BARRY** (1795–1860); **GOTTFRIED SEMPER** (1803–1879); **JOSEPH POELART** (1817–1879); **CHARLES GARNIER** (1825–1898); **DANIEL BURNHAM** (1846–1912)

grandoare; comemorare; putere; bombastic; impunere

În a treia și a patra decadă a secolului XIX, instituțiile orășenești au devenit mai numeroase, îndeplinind funcții din ce în ce mai complexe. Prin cluburile pe care le-a proiectat și, mai presus de orice, prin Clădirea Parlamentului (palatul Westminster), Charles Barry a adaptat perfect modelele istorice la nevoile societății moderne. Opera din Dresda, purtând semnătura lui Gottfried Semper, „împrumută", de asemenea, elemente istorice. Pentru a soluționa complexele cerințe de volum necesare inovațiilor lirice ale prietenului său, Richard Wagner, Semper a creat, făcând apel la nevoile și metodele contemporane, un nou tip de formă monumentală. În scrierile sale, arhitectul căuta să facă sinteza între extinderea cercetărilor și descoperirilor arheologice și noile tehnologii, care puteau duce arhitectura și construcțiile dincolo de clasificările stilistice existente.

Pe la jumătatea secolului XIX devenise imperativă găsirea unor soluții viabile pentru orașele în continuă creștere. Londra, Viena și Parisul au venit cu trei răspunsuri arhetipale.

Londra era practică și a creat Consiliul Metropolitan, care avea în sarcină rezolvarea acestor chestiuni, însă lucrările masive de construcție au afectat curând întregul oraș, generând probleme de sănătate publică.

Viena, într-un registru mai aproape de estetică, a transformat vechile fortificații în Ringstrasse, unde instituțiile burgheze s-au instalat în clădirile monumentale cu stiluri alese conform relației lor simbolice cu funcția – cum ar fi clădirea Parlamentului, în stil neoelen. Izolarea acestor instituții a fost mai târziu criticată de Camillo Sitte, care a militat pentru corelarea activităților și formelor, în interiorul și în exteriorul clădirilor de utilitate publică.

În 1850, Georges-Eugène Haussmann a devenit prefectul Parisului.Transformând orașul într-un șantier gigantic, el a tăiat străzi drepte prin structura istorică a orașului, le-a tivit cu clădiri standardizate și a marcat joncțiunile dintre ele prin monumente – vezi cazul Operei lui Garnier. Acesta a devenit standardul de îmbinare a chestiunilor sociale, tehnice și economice într-un înveliș estetic. Daniel Burnham l-a adaptat pentru a înfrumuseța Chicago – orașul-simbol al expansiunii industriale americane – suprapunând un sistem de perspective radiind din zona monumentelor către rețeaua urbană proiectată în 1909.

CONSTRUCȚII-CHEIE

← **Opera Garnier – Paris, Franța, CHARLES GARNIER, 1861–1874**

Cea mai spectaculoasă dintre marile clădiri publice, făcând parte din planul de transformare a Parisului pe care l-a pus la punct Georges-Eugène Haussmann, opera este amplasată în punctul de întâlnire a mai multor bulevarde lungi și drepte. Fațada opulentă accentuează efectul pe care construcția îl are asupra privitorului, prin combinarea elementelor neoclasice cu busturi ale marilor compozitori, creând astfel o conexiune vizuală între funcție și tradiția arhitecturală.

↓ **Kunsthistorisches Museum – Viena, Austria, GOTTFRIED SEMPER, 1869**

Muzeul este unul dintre elementele planului lui Semper pentru Outer Burgplatz – parte a Ringstrasse, prin care s-au transformat vechile fortificații ale Vienei în repere urbane de actualitate. Împreună cu Muzeul de Istorie Naturală, flanchează Palatul Imperial, făcând legătura, în mod simbolic, între împărat și cultura burgheză, într-o manieră și la o scală imposibile înainte de secolul XIX.

ALTE CONSTRUCȚII

L'Arc de Triomphe – Paris, Franța, **JEAN FRANÇOIS THÉRÈSE CHALGRIN,** 1806–1835; Marble Arch – Londra, Anglia, **JOHN NASH;** 1828; Trafalgar Square – Londra, Anglia, **CHARLES BARRY,** 1840; Palais de Justice – Bruxelles, Belgia, **JOSEPH POELART,** 1866–1883; Monumentul lui Vittorio Emmanuele II – Roma, Italia, **GIUSEPPE SACCONI,** 1885–1911; World's Fair Site – Chicago, Illinois, SUA, **DANIEL BURHAM,** 1893

clasicism roman; baroc; preclasicism

ecologism; umanism; raționalism

Antiurbanism

Viața la țară părea o alternativă demnă de luat în seamă la mizeria orașelor industriale, însă s-a dovedit a fi extrem de dificil de separat nostalgia pentru relațiile existente în societatea preindustrială de preocuparea autentică pentru îmbunătățirea situației sociale. Arhitectura de la sfârșitul secolului XIX reflecta această dilemă a idealurilor progresiste și a aparențelor tradiționaliste.

PHILIP WEBB (1831–1915); **NORMAN SHAW** (1831–1912); **CHARLES FRANCIS ANNESLEY VOYSEY** (1857–1941); **MACKAY HUGH BAILLIE SCOTT** (1865–1945); **BARRY PARKER** (1867–1941); **FRANK LLOYD WRIGHT** (1867–1959)

oraș-grădină; suburbie; idilic; modest; temperat; relații sociale; comunitate; proprietate comunală

Chiar dacă aspectele decorative și de plagiat ale încercării de revigorare a stilului gotic dispăruseră, practic, până în 1880, moștenirea sa de nostalgie romanțioasă și puritanism a supraviețuit, modelând Mișcarea Artelor și Meșteșugurilor. William Morris – artizan, designer și scriitor britanic – a pledat pentru virtuțile unei vieți simple, rurale, cvasimedievale, pe care Philip Webb – cel care a semnat planurile Casei Roșii a lui Morris – a încercat, iar uneori a și reușit, să o întruchipeze în clădirile sale.

Mișcarea Artelor și Meșteșugurilor a legiferat puterea arhitecturii de a exprima idei prin intermediul construcțiilor tradiționale, restrângând la maximum legăturile cu chestiunile contemporane precum industrializarea și expansiunea urbană, ba chiar, până la urmă, limitând mesajul pe care arhitectura îl putea comunica. În clădirile individuale, genii ale compoziției precum Norman Shaw, Charles Voysey și Hugh Baillie Scott au putut depăși nostalgia incipientă, însă niciodată nu au putut înfrânge contradicția presupusă de folosirea mijloacelor tradiționale pentru rezolvarea problemelor vieții moderne.

Totuși, Ebenezer Howard, stenograf la parlament, a propus în cartea sa, *Tomorrow – A Peaceful Path to Real Reform (1898)*, o strategie complexă pentru adoptarea noilor șabloane urbanistice. Proprietatea comună, susținea Howard, ar permite o folosire mai echitabilă a pământurilor; așezarea și dimensiunile locuințelor ar putea fi astfel ținute sub control, așa încât toată lumea să fie relativ aproape de serviciu, dar să aibă și acces la teren deschis. Deși Howard nu a prescris un stil arhitectural anume, sentimentele sale antiurbane erau consonante cu țelurile Mișcării Artelor și Meșteșugurilor. Când Raymond Unwin și Barry Parker au fost desemnați să deseneze planurile pentru

Letchworth (1903), primul oraș-grădină, ei au făcut în așa fel încât particularitățile arhitecturale locale să fie prezente în viața orașului-grădină în aceeași măsură cu valorile Mișcării Artelor și Meșteșugurilor.

Idealul reprezentat de orașele-grădină s-au împrăștiat în lume sub diferite forme. O versiune e cea care stă la temelia unor capitale precum Canberra și New Delhi; o alta a devenit subiect de experimente în Rusia.

CONSTRUCȚII-CHEIE

← Casa Waldbuhl – Uzwil, Elveția, **MACKAY HUGH BAILLIE SCOTT, 1907–1911**

Baillie Scott a fost unul dintre cei mai inventivi arhitecți englezi din perioada Mișcării Artelor și Meșteșugurilor, reușind să combine planurile practice și simple cu adaptări sau copii convingătoare ale detaliilor tradiționale. Chiar și când lucra în Elveția, el a adaptat elemente tradiționale englezești, cum este cazul structurii aparente de lemn.

↑ Casa Roșie – Bexleyheath, Anglia, **PHILIP WEBB, 1859**

Laudele nenumărate primite de proiectul lui Webb au dezmințit teama că simplitatea artificială a construcției ar putea produce agitație. Construită pentru William Morris, care voia să grăbească revoluția socială prin întoarcerea la Evul Mediu, Casa Roșie a introdus ideea unei vieți simple, rurale.

ALTE CONSTRUCȚII

în Anglia

Bedford Park – Londra, **NORMAN SHAW,** 1876; Letchworth Garden City, **RAYMOND UNWIN** și **BARRY PARKER,** construit începând cu 1903; Hampstead Garden Suburb – Londra, **RAYMOND UNWIN,** cu lucrări de **EDWIN LUTYENS** și **MACKAY HUGH BAILLIE SCOTT,** construit începând cu 1906

în SUA

Robie House – Chicago, Illinois, **FRANK LLOYD WRIGHT,** 1909

exotism; funcționalism

arhitectură industrială decorativă; rococo; raționalism

Arhitectură industrială decorativă

De pe la sfârșitul secolului XIX, arhitecții au început să își dea seama că materialele produse industrial nu numai că pot da naștere unor forme și structuri fără precedent, dar pot fi și modelate pentru a genera noi „limbaje" decorative. Susținut, pe de altă parte, și de noile teorii ale esteticii, acest potențial de a conferi un conținut artistic produselor neînsuflețite, lipsite de spirit, ale industrialismului a deschis calea către stabilirea unor noi legături între obiecte și idei.

OTTO WAGNER (1841–1918); **ANTONIO GAUDI** (1852–1926); **LOUIS SULLIVAN** (1856–1924); **WILLIAM LETHABY** (1857–1931); **VICTOR HORTA** (1861–1947); **HENRI VAN DE VELDE** (1863–1957); **JOSEF MARIA OLBRICH** (1867–1908); **HECTOR GUIMARD** (1867–1942); **PETER BEHRENS** (1868–1940); **JOSEF HOFFMANN** (1870–1956)

expresie; linie sinuoasă; decorare; emblemă; fluiditate

Pe măsură ce industrializarea schimba societatea, intelectualii au început să se întrebe dacă nu cumva s-a modificat și noțiunea de frumusețe. Aceste întrebări erau cu atât mai pregnante cu cât efectele industrializării erau mai puternice, în orașe precum Chicago și Berlin. August Endell susținea că frumusețea unor asemenea orașe nu putea fi judecată după standardele convenționale. Arhitecții din Viena, Paris, Bruxelles, Barcelona și din țările nordice căutau noile mijloace de exprimare în afara tradiției clasice, apelând la surse variate, precum tehnologia sau mitologia naționale.

Nevoia de a uni arta și industria a devenit aproape universală, de la William Lethaby, în

Anglia până la Henri van de Velde de la Școala de arte aplicate de la Weimar – cea care ulterior a devenit cunoscuta Bauhaus. Peter Behrens, designer la AEG, a fost aproape de a realiza această uniune în designul produselor electrocasnice – chiar dacă, în afară de fabrica de turbine ale cărei planuri le-a realizat, lucrările sale arhitectonice au avut mai puțin succes.

Fiecare loc a prezentat variații specifice. La Paris și la Bruxelles, Hector Guimard și Victor Horta au conferit lucrărilor lor linii fluide, ca lujerii cățărători, departajându-le de rigiditățile clasicismului. În plus, ornamente cum sunt cele pentru intrările în stațiile de metrou, purtând semnătura lui Guimard, nu puteau fi făcute decât din fier. La Barcelona, Antonio Gaudí a demonstrat convingerea sa că liniile curbe îi „aparțin" lui Dumnezeu prin extraordinara sa Sagrada Familia, unde curbele nu sunt o simplă decorațiune, ci parte inerentă a structurii. În Viena, Otto Wagner a afirmat că arhitectura modernă era o recapitulare care se făcea între tradiție și modernism. Capodopera sa, clădirea casei de economii a Poștelor, exploatează potențialul decorativ al aluminiului, pe-atunci de-abia folosit.

Structura de oțel a însemnat transformarea completă a clădirilor din Chicago. Louis Sullivan a acceptat disciplina proporțională pe care acest tip de structură o impunea și a născocit ornamente bazate pe formele naturale, ignorând relația dintre structura regulată și decorațiunile stilizate propovăduită de clasicism.

CONSTRUCȚII-CHEIE

← **Magazinul universal Carson Pirie Scott – Chicago, Illinois, SUA, LOUIS SULLIVAN, 1899**

Printre noile tipuri de clădiri apărute datorită posibilităților oferite de structura de oțel se număra și magazinul universal. Proiectul lui Sullivan dă naștere unui nou ordin arhitectural. Decorațiunile metalice concepute de el pentru parter și primul nivel duc cu gândul la niște rame pentru vitrinele de sticlă.

↓ **Intrarea Porte Dauphine – metroul din Paris, Franța, HECTOR GUIMARD, 1900**

Intrările de metrou construite de Guimard între 1899 și 1904, cu formele lor exuberante, fluide, construite din fier forjat, nu sunt doar o epitomă a faimoasei Belle Epoque; ele sunt o demonstrație a folosirii tehnologiilor moderne pentru decorarea noii infrastructuri – metroul parizian – care a contribuit enorm la statutul de metropolă modernă al orașului.

ALTE CONSTRUCȚII

Catedrala Sagrada Familia – Barcelona, Spania, **ANTONIO GAUDÍ,** construită începând cu 1883; Castelul Berenger – Paris, Franța, **HECTOR GUIMARD,** 1894–1898; Maison du Peuple – Bruxelles, Belgia, **VICTOR HORTA,** 1896–1897; clădirea Secession – Viena, Austria, **JOSEF MARIA OLBRICH,** 1898; Palais Stoclet – Bruxelles, Belgia, **JOSEF HOFFMANN,** 1905–1911

neoclasicism; raționalism; neoraționalism

baroc; expresionism; postmodernism

Imperialism

Colonialismul a făcut posibil contactul între culturile europene și noneuropene, contact ce a avut efecte diverse asupra tradițiilor arhitecturale ale culturilor respective. Imperialismul se referă chiar la arhitectura din colonii, unde acest contact era mai intens și reflecta complicata interacțiune dintre conducători și supuși. Pe măsură ce sintezele estetice deveneau tot mai sofisticate, arhitectura devenea tot mai mult o unealtă explicită a politicii imperiale.

CHARLES MANT (1839–1881); **ROBERT CHISHOLM** (1840–1915); **SWINTON JACOB** (1841–1917); **WILLIAM EMERSON** (1843–1921); **HERBERT BAKER** (1862–1946); **EDWIN LUTYENS** (1869–1944)

orientalism; administrație; colonialism; reprezentare

Clădirile din perioada timpurie a colonialismului erau o reflectare a modelelor europene, însă clima locală, materialele și tehnicile de construcție au dus curând la apariția modificărilor. În India, care avea cea mai bogată tradiție arhitecturală a teritoriilor colonizate, planurile celor mai multe clădiri erau gândite de ingineri militari; prin aceste modele imperfecte, neoclasicismul s-a alăturat numeroaselor importuri arhitecturale deja existente. Rajahii Indiei au început, treptat, să încorporeze în palatele lor elemente ale

arhitecturii europene, în timp ce interesul britanicilor s-a axat pe înțelegerea arhitecturii indigene. Uluitoarea sa complexitate părea a reflecta diversitatea politică a Indiei. Plecând de aici, inginerii – și, mai târziu, arhitecții – Departamentului de lucrări publice au început să născocească un stil arhitectural compozit numit indo-sarazin.

Avându-și originile, cel puțin aparent, în diferite tradiții, acest stil era exprimarea convingerilor britanicilor că arhitectura hindusă și cea sarazină nu aveau nimic în comun și că numai prin intermediul lor cele două culturi puteau fi unite în mod pașnic. Implicațiile politice sunt explicite în cazul unor construcții precum Mayo College, de Charles Mant, unde erau educați rajahii, ori al numeroaselor memoriale închinate viceregilor și reginei Victoria.

New Delhi, conceput în 1910, a dus până la capăt această politică. Principalul său arhitect, Edwin Lutyens, și-a exprimat disprețul față de arhitectura hindusă, însă a inclus diferite elemente preluate din aceasta în capodopera sa, palatul viceregelui din New Delhi. Mai puțin desăvârșit, însă la fel de convins de legitimitatea opiniilor sale, a fost Herbert Baker, care și-a construit reputația îmbinând modestul stil din Cape Dutch cu limbajul propriu Mișcării Artelor și Meșteșugurilor, pentru bogații proprietari de mine din Africa de Sud. Chiar dacă colaborarea sa cu Lutyens în Delhi s-a sfârșit pe un ton acrimonios, Union Buildings, din Pretoria, construită începând cu anul 1909 pentru a simboliza „uniunea" Africii de Sud după războiul anglo-bur, nu este mai puțin grandioasă. Faptul că Nelson Mandela a ales-o pentru a-și inaugura președinția, în 1994, arată cum o astfel de clădire poate dura mai mult decât scopul original pentru care a fost construită.

CONSTRUCȚII-CHEIE

← **Reședința viceregelui – New Delhi, India, EDWIN LUTYENS, 1912–1930**

Pentru această lucrare, Lutyens și-a pus în practică cunoștințele de geometrie complexă. Piesă centrală a noii capitale a Indiei, clădirea etalează o uniune simbolică, destul de limitată, între arhitectura europeană și cea hindusă. Arhitectul a izbutit să creeze o compoziție care se ridică deasupra unor astfel de considerente, dominând peisajul presărat cu ruinele orașelor din trecut.

→→ **Union Buildings – Pretoria, Africa de Sud, HERBERT BAKER, 1909–1912**

Baker a intenționat să construiască o acropolă imperială pentru capitala Uniunii Africii de Sud, creată în 1910 prin unirea a două colonii britanice și două republici bure independente. Cele două clădiri principale sunt așezate în vârful unui deal ce domină orașul, fiind unite simbolic de o colonadă curbată.

ALTE CONSTRUCȚII

în India

Clădirea senatului Universității Madras, **ROBERT CHISHOLM,** 1874–1879; Mayo College – Rajahstan, **CHARLES MANT,** 1875–1879; Laxmi Vilas Palace – Baroda, **SWINTON JACOB,** 1881–1890; Memorialul Victoria – Calcutta, **WILLIAM EMERSON,** 1901–1921; Secretariat buildings – New Delhi, **HERBERT BAKER,** 1912–1930; India Arch – New Delhi, **EDWIN LUTYENS,** 1921–1931

urbanism monumental; preclasicism; indism; exotism

regionalism; medievalism

4

MODERNISM

Expresionism

Mai mult o stare de spirit decât o mișcare arhitectonică propriu-zisă, expresionismul a apărut pornind de la presupunerea că o clădire poate transmite un gând sau o idee fără mijlocirea convențiilor sau a stilurilor arhitectonice. Potențialul său de expresie dramatică a devenit evident după Primul Război Mondial, când a constituit punctul de plecare pentru arhitectura modernă.

PETER BEHRENS (1868–1940); **HANS POELZIG** (1869–1936); **FRITZ HÖGER** (1877–1949) **BRUNO TAUT** (1880–1938); **MICHEL DE KLERK** (1884–1923); **PIETER KRAMER** (1881–1961); **ERICH MENDELSOHN** (1887–1953); **GIOVANNI MICHELUCCI** (1891–1990); **EERO SAARINEN** (1910–1961); **JØRN UTZON** (n. 1918); **GÜNTER BEHNISCH** (n. 1922)

expresie; agitație; instabilitate; antropomorfism

Clădirile industriale, cu cerințele lor pentru volume îndrăznețe, le-au oferit arhitecților ocazia de a experimenta cu forme dramatice, înainte de 1914. Un exemplu timpuriu îl constituie extraordinara combinație între un turn de apă și o sală de expoziții din Poznan, în Polonia, semnată de Hans Poelzig în 1911. Dar, din 1918, numeroși arhitecți, în special în Germania, au experimentat cu formele neregulate și efectele dramatice. Rezultatele erau adesea, în mod deliberat, imposibil de construit – vezi propunerea lui Mies van der Rohe, în 1921, pentru un zgârie-nori construit integral din sticlă; lucru care nu însemna că proiectele acestor construcții nu erau capabile să genereze nenumărate polemici. Mai practici, arhitecții din Amsterdam au reușit, prin lucrările lor de un incredibil antropomorfism, să însuflețească partea de sud a orașului, în anii 1920.

Constructivismul și funcționalismul etalează

aceleași forme puternice, uneori neobișnuite, ale expresionismului; dar cu diferențe importante. Constructivismul a constituit încercarea de a născoci noi șabloane estetice, bazate pe mașinării și, în ultimă instanță, pe știință. Funcționalismul a căutat să inventeze forme derivate din funcțiile pe care construcțiile trebuiau să le îndeplinească. În forma sa cea mai pură, expresionismul nu a căutat justificări mai departe de simpla existență a ideii în mintea arhitectului.

Turnul Einstein (1917–1921) din Potsdam, Germania, de Erich Mendelsohn, a dus expresionismul la apogeu în încercarea de a transforma formulele celebrului fizician în forme arhitecturale grațioase, ca o nouă modelare a relației spațiu-timp. Ca și Mendelsohn, mulți arhitecți expresioniști au trecut ulterior la funcționalism sau raționalism. Totuși, expresionismul a fost o excelentă modalitate de experimentare a ideilor într-o perioadă când orice autoritate și orice precedent în arhitectură păreau puse sub semnul întrebării.

Formele expresioniste au continuat să îi intereseze pe arhitecți – în mod special pe cei aflați la granițele modernismului, cum e cazul lui Jørn Utzon, a cărui Operă din Sydney sublimează funcția și contextul într-o extraordinară serie de forme.

CONSTRUCȚII-CHEIE

← **Turnul Einstein – Potsdam, Germania, ERICH MENDELSOHN, 1917–1921**
Pentru un observator astronomic și un laborator de astrofizică, semnificația numelui e evidentă; aceasta, împreună cu forma sculpturală, de carenă, fac ca proiectul clădirii să fie însăși esența căutărilor unei relații între noile funcționalități și forme, ce au marcat anii 1920.

↓ **Opera – Sydney, Australia, JØRN UTZON, 1956–1973**
Utzon a fost unul din primii arhitecți care au exploatat potențialul de expresie al unei structuri de beton de acest tip, născocind o formă memorabilă care a dat viață Sydney-ului.

ALTE CONSTRUCȚII

în Germania
Pavilionul de sticlă – expoziția Werkbund, Köln, **BRUNO TAUT,** 1914; Fabrica de vopseluri Hoechst – Frankfurt, **PETER BEHRENS,** 1920–1925; Chilehaus – Hamburg, **FRITZ HÖGER,** 1922–1923; Olympiapark – München, **GÜNTER BEHNISCH,** 1967–1972

în Olanda
Blocul Eigen Haard – Amsterdam, **MICHEL DE KLERK,** 1921

în SUA
Terminalul TWA – Aeroportul JFK, New York, **EERO SAARINEN,** 1958–1962

în Italia
San Giovanni Battista – Florența, **GIOVANNI MICHELUCCI,** 1960–1963

medievalism; arhitectură industrială decorativă; constructivism; deconstructivism

raționalism; corporatism; neoclasicism; neoraționalism

Usonianism

Frank Lloyd Wright a inventat termenul „usonian" pentru a descrie ceea ce el considera a fi autenticele valori americane ale caselor relativ ieftine pe care le-a construit în anii 1930. Lloyd Wright a fost, pentru o bună perioadă de timp, arhitectul de frunte al Statelor Unite, în linia întâi a încercărilor de a găsi o arhitectură care să exprime ideile naționale contemporane.

LOUIS SULLIVAN (1856–1924); **BERNARD MAYBECK** (1862–1957); **FRANK LLOYD WRIGHT** (1867–1959); **CHARLES GREENE** (1868–1957); **HENRY GREENE** (1870–1954); **ALBERT KAHN** (1869–1942); **GEORGE HOWE** (1886–1955); **RUDOLPH SCHINDLER** (1887–1953); **RICHARD NEUTRA** (1892–1970); **WILLIAM LESCAZE** (1896–1969); **LOUIS KAHN** (1901–1974); **BRUCE GOFF** (1904–1982)

libertate; democrație; identitate națională

Pe la 1890, arhitectura americană avea câteva căi distincte de dezvoltare și exprimare. Stilul practicat pe Coasta de Est și cel californian combinau compozițiile complexe și detaliile eclectice cu o planificare inovativă a interiorului.Totuși, în Chicago, arhitecții au început să folosească o arhitectură complet nouă pornind de la structura de oțel, lift și detalii și ornamente produse industrial. Louis Sullivan, unul dintre arhitecții de frunte, considera că în arhitectură, ca și în natură, forma deriva din esența sarcinii pe care o avea de îndeplinit.

Wright a mers mai departe decât mentorul său, Louis Sullivan, în căutarea unității formei și a funcției; acest stil, numit de el „arhitectură organică", reflecta dragostea lui Wright pentru natură. Casele din perioada sa

← **CONSTRUCŢII-CHEIE**
Galeria de artă a Universităţii Yale – New Haven, Connecticut, SUA, LOUIS KAHN, 1951–1954
Prima lucrare importantă a lui Kahn a fost o critică elocventă la adresa din ce în ce mai banalului modernism importat în Statele Unite din Europa. În galeria de la Yale, Kahn a introdus efecte sculpturale în structura acoperişului şi o scară centrală pentru a articula un plan liber, transformând arhitectura americană în acelaşi fel în care expresionismul a schimbat pictura.

timpurie par legate de pământ, cu liniile lor orizontale, în timp ce planificarea interioară inovatoare introduce noi concepte de spaţiu şi compoziţie. Casele usoniene din anii 1930 au încercat să pună acest tip de arhitectură la îndemâna tuturor – sau cel puţin a cât mai multor americani. Mai complexe din punct de vedere al spaţiului şi mai ieftine din cel al soluţiilor constructive alese, casele erau legate atât de terenurile pe care erau construite, cât şi de stilul de viaţă al celor care locuiau în ele.

Foşti angajaţi ai lui Wright, Rudolf Schindler şi Richard Neutra au dezvoltat unele din aceste principii atunci când s-au mutat în California, însă atitudinea lui Wright faţă de ceilalţi arhitecţi era oarecum dispreţuitoare – în special în cazul moderniştilor europeni. Ambiguă era şi relaţia sa cu un alt mare arhitect american, Louis Kahn, care explora interacţiunea dintre formă, funcţie şi structură. Chiar dacă arăta o oarecare afinitate cu ideile sociale ale moderniştilor europeni, începând cu 1950 Kahn a produs o serie de proiecte inventive din punct de vedere compoziţional. Influenţa pe care a avut-o atât ca arhitect, cât şi ca profesor a fost puternică şi, oarecum, surprinzătoare; printre studenţii săi s-au numărat cei mai mari arhitecţi postmoderniști americani, Charles Moore şi Robert Venturi.

↞ **Casa Greg Affleck – Bloomfield Hills, Michigan, SUA, FRANK LLOYD WRIGHT, 1941**
Wright, al cărui nume a fost asociat, pe tot parcursul lungii sale cariere, cu căutarea unei arhitecturi americane autentice, în anii 1930 investiga metode simple, standardizate de construcţie care să permită accesul publicului larg la lucrările sale arhitectonice. Casa Greg Affleck este una dintre locuinţele usoniene rezultate, locuinţe în care, printr-o planificare subtilă, Wright a reuşit să creeze efecte inovatoare folosindu-se de spaţiu, lumină şi textură.

ALTE CONSTRUCŢII în SUA
Gamble House – Pasadena, California, **CHARLES** şi **HENRY GREENE,** 1908–1909; Lovell Beach House – Newport Beach, California, **RUDOLPH SCHINDLER,** 1925–1926; Lovell House – Los Angeles, California, **RICHARD NEUTRA,** 1927–1929; PSFS Skyscraper – Philadelphia, Pennsylvania, **GEORGE HOWE** şi **WILLIAM LESCAZE,** 1929–1932; Bavinger House – Norman, Oklahoma, **BRUCE GOFF,** 1950–1955

regionalism; antiurbanism; postmodernism

raţionalism; purism

Constructivism

Constructivismul a fost curentul radical a cărui influență a durat cel mai mult, dintre stilurile apărute în URSS, între Revoluția din Octombrie 1917 și impunerea realismului socialist, la sfârșitul anilor 1920. Deși abstracte și conștient lipsite de referințe, unele exemple reflectă formele puternice ale industriei grele – poate ca o sugestie că știința pură, chiar dacă puțin romanțată, ar putea înlocui valorile tradiționale rusești în conținutul spiritual al artei.

KONSTANTIN MELNIKOV (1890–1974); **VLADIMIR TATLIN** (1885–1953); **LEONID VESNIN** (1880–1933); **VIKTOR VESNIN** (1882–1950); **ALEKSANDER VESNIN** (1883–1959); **IVAN LEONIDOV** (1902–1959); **NIKOLAI MILIUTIN** (1889–1942)

radicalism; condensator social; experiment; avangardă; artă și societate; reînnoire

Constructivismul a pornit de la două premise, și anume: că arhitectura poate reflecta și chiar grăbi formarea noii societăți sovietice și că biologia și fizica sunt baza rațională de la care se poate pleca. În consecință, nu era nevoie de reperele unei tradiții artistice, iar prin angajarea în progresul social arhitectura ar fi servit unor nevoi presupuse a fi reale. Procesele științifice aveau să genereze noi forme fără a face referiri la tradiție.

Inițial, constructivismul a găsit un debușeu în lucrările artistice, generatoare de polemici, însă țelul său era mult mai complex. Milutin a propus forma ideală a orașului socialist, în timp ce alți arhitecți și-au axat preocupările pe „condensatorii sociali" – noile clădiri și instituții care ar fi ajutat la instaurarea noii societăți. De menționat sunt formele puternice, angulare, ale cluburilor muncitorești din Moscova ce poartă semnătura lui Melnikov; la scară mare, Melnikov a făcut planuri pentru structurile industriale pe care Uniunea Sovietică ținea să le promoveze și care monumentalizau clasa muncitoare.

Monumentul Internaționalei a III-a, al lui Vladimir Tatlin, deși nu a depășit stadiul de plan, exprimă dilemele constructivismului. Scopul său e de un socialism autentic, forma urmează o secvență logaritmică, dar trimite evident la Turnul Eiffel.

În fascinația sa pentru transformarea produselor industriale într-un limbaj abstract formal, constructivismul aparține seriei de curente experimentale de la începutul anilor 1920, care au compus modernismul. Constructivismul rămâne incontestabil o „marcă" rusească, având-și originile în vehementele polemici postrevoluționare legate de exprimarea aspectelor vieții de zi cu zi prin intermediul artei. Inevitabil, subiectivismul a intervenit în determinarea felului în care chiar presupus obiectiva știință poate fi transformată în formă construită. Constructivismul s-a aflat în permanență pe granița subțire dintre design funcțional și artă subiectivă, devenind o țintă ușoară când subiectivismul a devenit, în opinia regimului sovietic, suspect politic. Cu toate acestea, în formă clandestină, constructivismul a supraviețuit, inspirându-i timp de generații pe arhitecții din afara URSS.

CONSTRUCȚII-CHEIE

→ **Monumentul Internaționalei a III-a, VLADIMIR TATLIN, 1920**
Faimosul turn al lui Tatlin captează dinamismul structural și natura efemeră a lucrărilor constructiviste timpurii. Știința și arta propagandistă de stradă s-au combinat pentru a conduce oamenii către o cultură nouă, nonburgheză.

ALTE CONSTRUCȚII

În Rusia
Planurile clădirii Pravda – Moscova, **ALEXANDER VESNIN,** 1923; Institutul Lenin – Moscova, **IVAN LEONIDOV,** 1927; Clubul Rusakov – Moscova, **KONSTANTIN MELNIKOV,** 1927–1928

În Ukraina
Barajul Dnieproges, **VIKTOR VESNIN,** 1932

expresionism; deconstructivism; funcționalism

raționalism; postmodernism

CDA

Arhitecții au răspuns imediat la revoluțiile din cultura vizuală ce au avut loc în Paris începând cu perioada impresionistă – chiar dacă rezultatele inițiale erau eclectice și confuze, iar influența diferitelor ...*isme* era greu de depistat cu precizie. Însă în perioada postcubistă, în anii 1920, prin Le Corbusier, arta și arhitectura au dezvoltat aspecte estetice cu diferite elemente comune.

CHARLES EDOUARD JEANNERET (zis **LE CORBUSIER**) (1887–1965); **ANDRÉ LURÇAT** (1894–1970); **JOSEF HAVLÍCEK** (1899–1961); **KAREL HONZÍC** (1900–1966); **BERTHOLD LUBETKIN** (1901–1990)

volum; formă; spațiu; lumină; puritate

După o carieră eclectică, influențată de valorile propovăduite de Mișcarea Artelor și Meșteșugurilor, și după o lungă perioadă de autoinstruire ce a inclus o călătorie la Muntele Athos și citirea operelor lui Nietzsche, Charles Edouard Jeanneret – Le Corbusier, cum s-a autonumit ulterior – s-a mutat la Paris, în 1917. Le Corbusier a adus cu sine, în capitala artistică a lumii, perseverența lui mesianică, condamnând formalismul Școlii de Arte Frumoase și declarând război cubismului în manifestul său din 1918 („Après le Cubisme"), care a introdus conceptul de purism.

Chiar dacă cubismul a generat o revoluție în artele vizuale, încercările de a transpune doctrinele sale în domeniul arhitecturii au fost mai puțin încununate de succes. Cu un stil retoric ce a devenit „marca" sa, Le Corbusier a părut să condamne complet mișcările existente, însă în realitate a preluat multe elemente din acestea. Ca și cubismul, pictura puristă prezenta obiectele în feluri mai puțin obișnuite, însă, în loc să își fragmenteze subiectele, le accentua caracterul volumetric, lucru ce venea în sprijinul definiției pe care Le Corbusier a dat-o arhitecturii: „jocul controlat,

corect și magnific al volumelor aduse în lumină".

În anii 1920, Le Corbusier a contribuit la evoluția esteticii (legată pentru totdeauna de modernism) a formelor albe, neclintite, venind atât dintr-o apreciere a tehnologiei cât și a artei. Noile metode de construcție, susținea el, retează legăturile dintre structură și înveliș, permițând clădirilor să se ridice. Grădinile de pe acoperișuri au creat o nouă relație între natură și construcție, în timp ce ferestrele orizontale, lungi, redau priveliștile într-un mod complet diferit de sistemul tradițional de așezare a ferestrelor.

În această etapă a carierei sale, Le Corbusier împărtășea încrederea raționalismului în faptul că producția industrială va rafina obiectele, reducându-le la formele lor esențiale – furnizând astfel elementele-cheie ale designului arhitectonic. Ideile lui au continuat să evolueze, iar din 1930 lucrările sale au căpătat o asprime deliberată, păstrând în tot acest timp puternicul simț al formei.

CONSTRUCȚII-CHEIE

↑ **Vila Savoye – Poissy, Franța, LE CORBUSIER, 1929–1931**
„O mașină în care să se trăiască"– iată definiția dată de Le Corbusier unei case, în anii 1920, iar clădirea de față prezintă multe dintre ideile lui din acea perioadă. Estetica puristă este dezvăluită de elemente bine definite, aranjate subtil – pilonii, ferestre orizontale, acoperiș-grădină și elaborata promenadă arhitecturală.

← **Bazinul pinguinilor – Regent's Park Zoo, Londra, Anglia, BERTHOLD LUBETKIN, 1934**
Puternic influențat de estetica puristă a lui Le Corbusier, cu volumele și formele sale albe, Lubetkin și-a demonstrat și moștenirea sovietică prin caracterul constructivist al rampei în dublu helix, creând astfel cea mai memorabilă imagine a modernismului britanic.

ALTE CONSTRUCȚII

În Franța
Casa Laroche Jeanneret – Paris, **LE CORBUSIER,** 1923; Vila Stein – Garches, **LE CORBUSIER,** 1927; Vila Seurat – Paris, **ANDRÉ LURÇAT,** 1925–1926

În Republica Cehă
Biroul pensiilor de stat – Praga, **JOSEF HAVLÍCEK** și **KAREL HONZÍC,** 1929–1933

raționalism; neoclasicism; funcționalism; constructivism

arhitectură industrială decorativă; expresionism; postmodernism

Raționalism

La începutul secolului XX, două lucruri au adus relația dintre arhitectură și raționalism în centrul atenției. Oferind posibilitatea construirii clădirilor din componente produse exclusiv industrial, raționalismul a căpătat o nouă dimensiune estetică. În acest timp, evoluția științei aducea cu sine tratamente pentru bolile oamenilor, iar adoptarea acestor tratamente a devenit un imperativ moral. Raționalismul în arhitectură a fost rezultatul îmbinării progresului tehnologic cu angajamentul social.

WALTER GROPIUS (1883–1969); LUDWIG MIES VAN DER ROHE (1886–1969); ERNST MAY (1886–1970); LE CORBUSIER (1887 1965); GERRIT RIETVELD (1888–1964); HANNES MEYER (1889–1954); JACOBUS JOHANNES PIETER OUD (1890–1963)

producție industrială; plan rațional; structură

Exemple de lucrări arhitectonice concepute pentru a îmbunătăți condițiile sociale au existat încă de la jumătatea secolului XIX, iar discuțiile despre necesitatea unor noi forme de arhitectură, adaptate noilor tehnologii, datează încă și mai de demult. Cu toate acestea, a fost nevoie de tulburările sociale de la sfârșitul Primului Război Mondial, de pe tot cuprinsul Europei, încât cele două tendințe să fuzioneze, formând curentul raționalist. Retorica a devenit mai atrăgătoare pentru noile regimuri politice – fie că era vorba despre Uniunea Sovietică sau Germania social-democrată – fiindcă raționalismul „gândea" la scară mare, plasând planificarea înaintea clădirilor individuale, tot așa cum societatea merita întâietate în fața individului. Arhitectura părea capabilă să se sprijine pe progresul științific pentru a contribui la instaurarea unei noi ordini sociale. Termenul *Neue Sachlichkeit* (noua obiectivitate) a apărut în Germania, sugerând o profunzime filozofică a unora dintre cele mai bune lucrări ale curentului.

Raționalismul a „produs" numeroase cartiere de locuit, mai ales în Frankfurt și Berlin. Multe au fost doar „cosmetizate" conform curentului modernist, cu toate că Ernst May, în Frankfurt, și Walter Gropius, în casele proiectate de el în Weissenhofseidlung, s-au luptat cu prefabricatele și cu producția industrială. Însă construcțiile individuale, precum casele lui Le Corbusier și Bauhaus-ul lui Gropius, au strălucit în luminile rampei. Astfel de clădiri erau imaginea clară, ușor de recunoscut, a „noii arhitecturi", și au și eclipsat celelalte manifestări ale ei.

Formele elementare ale raționalismului, deschiderile mari și estomparea distincțiilor tradiționale între fațada și spatele unei clădiri ori între exterior și interior, au devenit sinonime cu arhitectura modernă. În America, pentru expoziția din 1932 de la Muzeul de Artă Modernă, Henry Russell Hitchcock și Philip Johnson nu au luat cu ei decât imaginea, fără încărcătura socială corespunzătoare. Cu aceasta, transformarea raționalismului, dintr-o practică vizând îmbunătățirea condițiilor sociale, combinată cu producția industrială, într-un curent estetic, a devenit completă.

CONSTRUCȚII-CHEIE

Locuințe - Weissenhofseidlung, Stuttgart, Germania, JACOBUS OUD, 1927
Germania a organizat proiectul Weissenhof, avându-l ca director artistic pe Mies van der Rohe, pentru a demonstra potențialul pe care „noua arhitectură" îl avea în ceea ce privea spațiile pentru locuințe, ulterior devenind un exemplu al formelor simple, disciplinate, ale raționalismului.

↓ **Bauhaus – Dessau, Germania, WALTER GROPIUS, 1926**
Când Gropius a venit la conducerea faimoasei școli de arhitectură, în 1919, aceasta se afla în Weimar. Dificultăți de ordin politic au impus mutarea ei în Dessau, dându-i ocazia lui Gropius să deseneze planurile noului sediu. Planul, sugerând dinamism, este astfel gândit încât toate cotele să fie egale, în timp ce dimensiunile impresionante ale pereților de sticlă monumentalizează tehnicile industriale folosite pentru producerea sticlei.

ALTE CONSTRUCȚII
Pavilionul Barcelona – Expoziția Internațională de la Barcelona, Spania, **MIES VAN DER ROHE,** 1929;
Casa Schröder – Utrecht, Olanda, **GERRIT RIETVELD,** 1924–1925)

materialism; raționalism structural; arhitectură corporatistă

expresionism; postmodernism; totalitarism

Funcționalism

Funcționalismul crede că formele pot fi dezvoltate ca să se potrivească funcției lor. Aceasta a oferit o bază, presupus obiectivă, pentru inventarea noilor forme, sugerând că arhitectura ar deriva din nevoile oamenilor mai degrabă decât din tradiție sau ierarhie; astfel, funcționalismul a devenit – și rămâne – unul dintre aspectele cu o mare încărcătură emoțională ale modernismului.

LOUIS SULLIVAN (1856–1924); **FRANK LLOYD WRIGHT** (1867–1959); **HUGO HÄRING** (1882–1958); **HANS SCHAROUN** (1893–1972); **ALVAR AALTO** (1898–1976); **JAMES STIRLING** (1924–1992)

funcție; formă; proces; industrial

Chiar dacă ideea că forma urmează funcția era în plină vigoare în perioada de început a modernismului, în anii 1920, originile sale se regăsesc cu mult timp în urmă. Teoreticienii francezi ai arhitecturii din perioada iluministă au reușit să slăbească credința oarbă în autoritatea formelor clasice, iar filozoful german Georg Hegel, în *Estetica,* afirma că originile arhitecturii se găsesc în nevoia de a furniza incinte pentru diverse activități sociale ori cu anumite funcționalități. Pe la jumătatea secolului XIX, modul în care arhitectura putea fi revigorată, prin noile funcționalități cărora clădirile trebuiau să le corespundă, era o chestiune la fel de arzătoare ca și rolul noilor materiale de construcție – în plus, toate acestea erau însăși esența cursurilor predate la influenta École des Beaux Arts.

La sfârșitul anilor 1920, funcționalismul era definitiv legat de formele libere, organice, ale unor arhitecți precum Hugo Häring și Hans Scharoun, care vedeau clădirile ca pe unelte pentru activitatea umană. Această infuzie de nevoie socială a dus funcționalismul mai departe decât ajunsese expresionismul, iar formele sale neregulate, uneori stranii, erau opusul presupusei obiectivități a raționalismului.

Exilați din linia întâi a modernismului, în mare măsură din pricina neînțelegerilor cu Le Corbusier, funcționaliștii și-au găsit mângâierea în Scandinavia. De exemplu, suedezul Gunnar Asplund a arătat oarece afinități cu mișcarea locală *Funkis,* deși lucrările lui împrumutau elemente din neoclasicism. Însă în uniunea formelor libere cu materialele naturale, toate compuse în jurul necesităților omului, finlandezul Alvar Aalto a demonstrat că gândirea funcționalistă poate fi mai aproape de om chiar decât funcționalismul în sine. Această latură a modernismului, numită uneori „cealaltă tradiție" – în opoziție cu ceea ce se considera a fi curentul principal, al cărui nucleu erau Le Corbusier și Mies van der Rohe –, a ieșit din nou la suprafață în perioada 1950–1960, atingând apogeul prin clădirea Filarmonicii din Berlin, purtând semnătura lui Hans Scharoun.

CONSTRUCȚII-CHEIE

Clădirea Filarmonicii – Berlin, Germania, HANS SCHAROUN, 1960–1963

În anii 1920, Scharoun a fost unul dintre principalii avocați ai funcționalismului ca bază a formelor arhitecturale moderne. În această sală de concerte – capodopera arhitectului – organizarea interioară urmărește optimizarea acusticii, iar forma generală este dată de rândurile de scaune, așezate la nivele diferite, pe un plan neregulat, astfel încât fiecare spectator să vadă direct scena.

↓ **Clădirea primăriei – Seinäjoki, Finlanda, ALVAR AALTO, 1958–1960**

Aalto a declarat că „publicul... și clădirile laice obișnuite ar trebui să se afle într-o armonie mai degrabă misterioasă", comunicând astfel latura socială și simbolică a conceptului său privitor la funcționalism. Parterul deschis, etajul care țâșnește parcă prin acoperiș și relația în care construcția se află cu celelalte clădiri din centrul orașului – toate susțin umanismul liberal al arhitectului.

ALTE CONSTRUCȚII

Auditorium – Chiacago, Illinois, SUA, **LOUIS SULLIVAN,** 1887–1889; Unity Temple – Oak Park, Chicago, Illinois, SUA, **FRANK LLOYD WRIGHT,** 1905–1907; Ferma Garkau – în apropiere de Lübeck, Germania, **HUGO HÄRING;** 1924–1925; Clădirea Universității din Leicester – Anglia, **JAMES STIRLING** și **JAMES GOWAN,** 1959–1963

expresionism; constructivism

postmodernism; deconstructivism

Arhitectura zgârie-norilor

Cu cât terenurile deveneau mai valoroase, construcțiile înalte deveneau mai atractive. La sfârșitul secolului XIX, zgârie-norii au pus la încercare ingeniozitatea arhitecților în obținerea echilibrului comerț/artă, cât și în provocarea vizuală și tehnică pe care o reprezenta o astfel de structură.

WILLIAM LE BARON JENNEY (1832–1907); DANIEL BURNHAM (1846–1912); RICHARD SHREVE (1877–1946); WILLIAM LAMB (1883–1952); ARTHUR HARMON (1878–1958); RAYMOND HOOD (1881–1934); WILLIAM VAN ALEN (1883–1954); LUDWIG MIES VAN DER ROHE (1886–1969); WALLACE HARRISON (1895–1981); HUGH STUBBINS (n. 1912); CESAR PELLI (n. 1926)

înălțime; linie de orizont; simbol falic

Două invenții din a doua jumătate a secolului XIX – liftul și structura de rezistență din oțel – au făcut ca orice clădire înaltă să fie și practică, și posibilă. În special în Chicago, începând cu 1870, arhitecți precum William le Baron Jenney, Daniel Burnham și Louis Sullivan au început să recunoască faptul că volumele extinse și noua structură schimbaseră radical convențiile arhitectonice. Pentru Sullivan, al cărui eseu „The Tall Building Artistically Considered" a fost prima încercare de a dezvolta o teorie a designului zgârie-norilor, înălțimea era ceva senzațional, pasionant și tulburător. Plecând de la părțile metalice ale construcției, arhitectul a născocit proporții elegante și ornamente inovatoare, inspirate din formele naturale. Chicago a continuat să atragă arhitecți inventivi care să se ocupe de designul zgârie-norilor. Competiția pentru clădirea care urma să adăpostească Chicago Tribune, în 1922, a atras concurenți din întreaga lume – s-a putut face o comparație între modernismul din Europa și cel din Statele Unite. Dar New Yorkul a devenit centrul designului de zgârie-nori, cu al său Chrysler Building, de William van Alen, și cu Empire State Building (1931), aflate în competiție pentru titlul de cea mai înaltă clădire din lume. Amândouă sprijineau teoria lui Sullivan, conform căreia creșterea populației și nevoia de birouri vor duce la apariția unor clădiri tot mai mari pe terenuri de mici dimensiuni, ceea ce se putea obține numai construind pe verticală, și amândouă exprimau această mișcare verticală prin vârfurile avântate către cer. Rockefeller Center explora ideea cartierului comercial urban, cu un amestec de clădiri de înălțime mare și medie concentrate în jurul turnului RCA, proiectat de Raymond Hood.

După 1945, Chicago și-a recâștigat locul de frunte, în mare parte datorită ingeniozității arhitecților de la firma Skidmore, Owings & Merrill și priceperii lor de a reduce cantitatea de oțel folosită la construcție, minimizând astfel costurile. Mai recent, economia explozivă din Asia confirmă legătura strânsă dintre clădirile înalte și prosperitatea corporatistă.

CONSTRUCȚII-CHEIE

Chrysler Building – New York, SUA, WILLIAM VAN ALLEN, 1930

Cu decorațiunile sale jazz age și cu vârful ascuțit ca un ac, prin care arhitectul și clientul său voiau să se asigure că această clădire va fi cea mai înaltă din întreaga lume, Chrysler Building, terminată chiar după ce crash-ul financiar zguduise puternic credința oamenilor în capitalism, e esența arhitecturii zgârie-norilor din acea perioadă. Clădirile construite ulterior aveau să fie mai sobre.

Seagram Building – New York, SUA, MIES VAN DER ROHE și PHILIP JOHNSON, 1954–1958

De la sosirea sa în Statele Unite, în 1938, Van der Rohe a dezvoltat o estetică plină de forță pornind de la o interpretare incisivă a construcțiilor. În Seagram Building el a încercat să surprindă însăși esența clădirilor înalte. Adesea descrisă ca fiind „rațională" și „anonimă", Seagram Building e de o ambiguitate memorabilă.

ALTE CONSTRUCȚII

în SUA

Chicago Tribune Tower – Chicago, Illinois, **RAYMOND HOOD,** 1925; Empire State Building – New York, **RICHARD SHREVE, WILLIAM LAMB** și **ARTHUR HARMON,** 1931; RCA Building – Rockefeller Center, New York, **WALLACE HARRISON** ș.a., 1931–1940; 860 -880 Lake Shore Drive – Chicago, Illinois, **MIES VAN DER ROHE,** 1950–1951; Citicorp Center – New York, **HUGH STUBBINS,** 1977

în Malaysia

Petronas Towers – Kuala Lumpur, **CESAR PELLI,** 1998

totalitarism; arhitectură corporatistă

ecologism; regionalism

Totalitarism

Regimurile totalitare au diferit de tiraniile politice anterioare prin resursele tehnologice extinse de care au beneficiat, așadar prin controlul pe care l-au putut exercita. Aceste regimuri au avut la dispoziție mijloacele și motivația de a orchestra forțe uriașe care să le consolideze autoritatea, cu rezultate care evocă o dilemă a ideologiei lor, între dorința de a-și proclama puterea tehnologică și cea de a evoca referințe istorice și naționaliste.

ALEXEI ȘCIUSEV (1873–1949); **PAUL TROOST** (1879–1934); **MARCELLO PIACENTINI** (1881–1960); **LEV RUDNEV** (1885–1956); **BORIS IOFAN** (1891–1976); **GIUSEPPE TERRAGNI** (1904–1943); **ALBERT SPEER** (1904–1981)

putere; gigantism; istorie; mișcare

Regimurile totalitare europene din anii 1930–1940 – de exemplu Germania nazistă, Italia fascistă și URSS – au folosit arhitectura pentru a extinde influența și puterea de stat. Aceste trei țări dezvoltaseră importante mișcări avangardiste, iar atitudinea fiecăreia față de respectivele mișcări oferă un indiciu asupra rolului arhitecturii în ideologiile respective și ajută la obținerea unui răspuns la întrebările totalitarismului privitoare la relațiile dintre arhitectură și societate.

În Italia, avangarda a supraviețuit, ajungând să joace un rol în arhitectura „oficială". Diferite interpretări ale modernismului pot fi întâlnite în coloniile în care copiii emigranților erau trimiși pentru a se bucura de vacanțe plătite de stat, în clădirea în care Partidul Fascist își avea cartierul general, dar și în gările răsărite pe tot cuprinsul țării. Se viza crearea, cu sprijinul arhitecturii, a unei unități simbolice și operaționale fără precedent în istoria țării.

În cazurile cele mai bune, această acțiune a produs capodopere raționaliste precum Casa del Fascio, din Como, de Giuseppe Terragni – clădire fascinantă datorită complexității riguroase a construcției, a detaliului și a compoziției, precum și din pricina provocării lansate ipotezei că o societate bolnavă produce arhitectură de proastă calitate. Însă conexiunea de neșters a raționalismului italian cu fascismul l-a provocat pe Ernesto Rogers, supraviețuitor al perioadei fasciste, să respingă raționalismul, vestind regionalismul cu Torre Velasca, din Milano, la care a lucrat cu alți arhitecți.

Regimul sovietic și cel nazist, cu ambițiile lor megalomane, au fost mai brutale cu moștenirea avangardistă. Albert Speer a făcut planurile Berlinului pentru Adolf Hitler, concentrând orașul în jurul unei gigantice reproduceri a Panteonului. Înainte, vastul Zeppelin Field din Nürnberg servise drept scenă pentru filmele de propagandă ale lui Leni Riefenstahl, confirmând opinia

marxistului Walter Benjamin că fascismul reprezenta estetizarea extremă a politicii.

În URSS, respingerea planurilor pe care Le Corbusier le făcuse pentru Palatul Sovietelor, în favoarea unui „tort de nuntă stalinist", având în vârf o gigantică statuie a lui Lenin, a marcat evidenta ruptură de avangardă. Deși unele idei constructiviste au supraviețuit în planificarea urbană, clădirile etalau parodii insipide ale ornamentelor tradiționale.

CONSTRUCȚII-CHEIE

← **Universitatea Lomonosov – Moscova, Rusia, LEV RUDNEV, 1947–1952**
Stalin și-a trimis arhitecții în SUA în mare secret, pentru a studia construcția zgârie-norilor și a se pregăti pentru ridicarea celor „șapte surori" – blocuri-turn care proclamau valorile bolșevice și erau totodată puncte strategice de supraveghere a orașului. Clădirea adăpostește Universitatea de Stat din Moscova, într-un turn înalt de 240 de metri flancat de patru aripi cu camere pentru studenți. Decorațiunile reflectă ideologia bolșevică.

⇠ **Casa del Fascio – Como, Italia, GIUSEPPE TERRAGNI, 1932–1936**
Elegant proporționată, însă rigidă și dezolantă, această clădire a adăpostit birourile și adunările fasciștilor. Proporțiile și geometria clădirii sunt extraordinar de sofisticate, fiind exemplul perfect al poziției raționalismului italian, prins între nevoia de a moderniza societatea, în aceeași măsură cu expresia artistică, și fascinația față de istorie.

ALTE CONSTRUCȚII

Mausoleul lui Lenin – Moscova, Rusia, **ALEXEI ȘCIUSEV**, 1924–1930; Casa de pe dig (complex de apartamente) – Moscova, Rusia, **BORIS IOFAN**, 1928–1931; Casa Artei Germane – München, Germania, **PAUL TROOST**, 1933–1937; EUR (Esposizione Universale Roma) – Roma, Italia, **MARCELLO PIACENTINI** ș.a., 1937–1942; Clădirea Cancelariei – Berlin, Germania, **Albert Speer**, 1938; Palatul Științei și Culturii – Varșovia, Polonia, **LEV RUDNEV**, 1955

preclasicism; urbanism monumental; pietism; arhitectura zgârie-norilor

raționalism; ecologism; regionalism

Corporatismul descrie acea ramură a arhitecturii, apărută în secolul XIX, care viza împlinirea necesităților estetice și funcționale ale afacerilor la scară mare. SUA au stabilit ritmul în privința managementului corporatist și al tehnologiilor de construcție, oferind noilor forme de arhitectură posibilitatea de a servi trebuințelor marilor corporații. Deși având legătură cu funcționalismul și raționalismul, influența specifică a mediului de afaceri american a conferit corporatismului un caracter aparte.

LOUIS SULLIVAN (1856–1924); **FRANK LLOYD WRIGHT** (1867–1959); **ALBERT KAHN** (1869–1942); **LUDWIG MIES VAN DER ROHE** (1886–1969); **PHILIP JOHNSON** (1906–2005); **EERO SAARINEN** (1910–1961); **SKIDMORE, OWINGS & MERRILL** (firmă fondată în 1936)

modernism; funcționalism; management; identitate corporatistă; industrie; business; mărime; rațiune

Fabricile purtând semnăturile arhitecților americani din anii 1920, inclusiv pe cea a lui Albert Kahn, arătau la fel de funcționale ca orice lucrare a arhitecților europeni moderni – și erau, probabil, și mai asemănătoare în modul de operare. În următoarea decadă, Frank Lloyd Wright, care deja construise birouri ce reflectau noile principii în organizarea afacerilor, a desenat planurile sediului central al firmei Johnson Wax, în Wisconsin. Mai mulți arhitecți au adoptat distincția pe care Kahn a făcut-o între spațiile de producție (fabricile) și cele destinate birourilor (sediile firmelor) – de exemplu, centrele orașelor Detroit, Chicago și New York contrastează puternic cu zonele industriale de la margine.

Prezentând ramurile eterogene ale modernismului european ca o singură entitate, expoziția de la Muzeul de Artă Modernă din New York (expoziție ce a definit așa-numitul „stil internațional"), organizată în 1932 de Henry Russell Hitchcock și Philip Johnson, sugera că această distincție făcută de Kahn în proiectele sale este lipsită de sens. Corporațiile, în dorința lor de a fi percepute ca elemente contemporane, mai ales după ce peste ele trecuseră depresiunea economică și al Doilea Război Mondial, au adoptat mesajul – de exemplu, Lever House din New York (Skidmore, Owings & Merril, 1952) a inaugurat combinația de turn care se avântă către înalturi cu clădirea-podium, care să marcheze prezența la sol. Cu cele 24 de etaje ale sale, construcția a fost rapid umbrită de Seagram's Building, purtând semnătura lui Van der Rohe.

În curând, nici un oraș nord-american nu putea fi considerat „complet" fără zgârie-norii din sticlă și oțel, pe măsură ce economia americană și-a croit drumul către dominația globală. Estetica industrială a ajuns să domine imaginea corporatistă, pe măsură ce puterea corporațiilor domina viața publică.

CONSTRUCȚII-CHEIE

→ **Sediul central al Johnson Wax – Racine, Wisconsin, SUA, FRANK LLOYD WRIGHT, 1936–1939; turnul-laborator construit între 1944–1950**

Aici, Wright a prevăzut pentru fiecare departament din cadrul corporației câte o clădire, corespunzătoare nevoilor specifice. Clădirile sunt astfel gândite încât să își încurajeze „locatarii" să se concentreze asupra muncii lor, iar lumina zilei intră din belșug prin luminatoarele uriașe. Privit din exterior, complexul pare o masă constituită din forme de cărămidă roșie; de-abia ulterior, prin adăugarea turnului de cercetare, s-a creat un puct de focus. Tot Wright a conceput și mobilierul pentru clădirea administrației.

Complexele de clădiri de înălțime mică/ medie adăposteau adesea laboratoare de cercetare și zone de producție laolaltă – sediul central al fabricantului de tractoare John Deere, ori Centrul Tehnic General Motors, ambele proiectate de Eero Saarinen, unesc latura estetică și pe cea funcțională, practică, sub aceeași identitate corporatistă. În lucrările sale pentru IBM și Mobil, arhitectul american Eliot Noyes a arătat cum această identitate poate fi unul dintre aspectele politicii unei corporații. Au fost necesare șocurile globale din anii 1970 pentru a putea fi sugerate orice alte tipuri de relații între afaceri și design.

← Lever House – Park Avenue, New York, SUA, SKIDMORE, OWINGS & MERRILL, 1952

Această clădire, construită pentru compania ai căror proprietari erau frații Lever, a dovedit că modernismul european poate fi adaptat cerințelor corporatiste. Designul ei, curat și aparent rațional, părea a reflecta eficiența comercială și deschiderea către noile tehnologii. Ideea complexului format dintr-un turn și o construcție joasă a fost preluată și reprodusă apoi de nenumărate ori, proiectele ulterioare dezvoltând conceptul și coordonând exteriorul cu interiorul și cu mobilierul, creând astfel mediul corporatist.

ALTE CONSTRUCȚII
în SUA

Guaranty Building – Buffalo, New York, **LOUIS SULLIVAN,** 1895; Larkin Building – Buffalo, New York, **FRANK LLOYD WRIGHT,** 1905; Fabrica de sticlă Ford – Detroit, Michigan, **ALBERT KAHN,** 1822; John Deere, clădirea administrației – Moline, Illinois, **EERO SAARINEN,** 1957–1963

rationalism; usonianism; postmodernism

constructivism; ecologism

Brutalism

Brutalismul are origini specifice și o definiție restrânsă, deși această etichetă a fost aplicată oricărei arhitecturi lipsite de popularitate din perioada postbelică. În 1954, „noul brutalism" a desemnat lucrările unor tineri arhitecți britanici, grupați în jurul soților Peter și Alison Smithson, și a fost marcat de fascinația pentru expresivitatea brută a materialelor, a formelor și a funcțiilor.

LE CORBUSIER (1887–1965); **LOUIS KAHN** (1901–1974); **PAUL RUDOLPH** (1918–1997); **PETER SMITHSON** (1923–2003); **ALISON SMITHSON** (1928–1993); **JAMES STIRLING** (1924–1992)

onestitate; material; *une architecture autre* („o altă arhitectură")

Construcția masivă de locuințe impusă de programul britanic de ajutor social după al Doilea Război Mondial a adoptat rapid modernismul, însă lipsa materialelor și sărăcia cunoștințelor făceau ca din curentul arhitectonic să rămână doar numele. Inspirați de neverosimila combinație dintre analizele de pionierat privitoare la arhitectura Renașterii, ale germanului Rudolf Wittkower, și aparenta rigurozitate a noilor lucrări semnate de Le Corbusier și Mies van der Rohe, tinerii arhitecți britanici au căutat o bază mai credibilă, din punct de vedere intelectual, pentru proiectele lor. Au și găsit-o, grefând o aplicare extremă a vechii doctrine privitoare la onestitatea materialelor folosite, pe formele pe care Mies le proiectase pentru campusul Institutului de Tehnologie din Illinois (1939–1956). Proiectul pentru Hunstanton School, Norfolk, semnat de soții Smithson, expune deliberat, cu o extraordinară limpezime, structura, materialele și scopurile cărora spațiile le sunt destinate.

Cronicarul acestui curent arhitectonic, Reyner Banham, a afirmat că brutalismul este mai

degrabă „etic" decât „estetic", căutând în mod conștient să creeze o arhitectură care să iasă din tiparele tradiției și din canoanele gusturilor, generând efecte prin intermediul materialelor și al formelor neprelucrate, presupuse a deriva din funcție. După ce Le Corbusier a folosit betonul brut, fie numai și prelucrarea acestuia împotriva intemperiilor, ca să nu mai vorbim de orice fel de acoperire, era considerată „imorală", încărcând de emoție polemicile. E greu de ignorat efectul estetic pe care soții Smithson l-au obținut prin așezarea ferestrelor la Sugden House, ori elegantul The Economist Complex, însă arhitecții ar fi obiectat, susținând că astfel de efecte, precum detaliul elegant, erau date, de fapt, de poziționarea logică a elementelor și obiectelor obișnuite, și nu de vreo intenție estetică.

Brutalismul a avut câteva replici și în afara Angliei – de exemplu, lucrările în beton ale lui Paul Rudolph, din Statele Unite. În Suedia, în anii 1950, Sigurd Lewerentz și-a marcat reîntoarcerea la arhitectură, după 30 de ani de absență, nu în limbajul său de un puternic neoclasicism, ci prin forme și materiale neprelucrate – niciodată, însă, grosolane.

CONSTRUCȚII-CHEIE

← Hunstanton School – Norfolk, Anglia, PETER și ALISON SMITHSON, 1949–1954

Soții Smithson au redus estetica raționalistă a lui Mies van der Rohe la un minimum acceptabil, furnizând fiecărui element o bază obiectivă ca punct de plecare pentru o arhitectură ce nu face referință la nimic altceva decât la sine sau la funcția pe care o îndeplinește.

↑ Mănăstirea La Tourette – Eveux-sur-l'Arbresle, Franța, LE CORBUSIER, (1957–1960)

În această lucrare a sa – numărându-se printre ultimele ce poartă semnătura marelui arhitect –, Le Corbusier a explorat potențialul betonului de a crea o varietate de texturi, forme și efecte de lumină. În etalarea betonului brut, mănăstirea La Tourette se apropie de etosul brutalismului, ai cărui apologeți au preferat să îl considere mai degrabă etic decât estetic.

ALTE CONSTRUCȚII

Sugden House – Watford, Anglia, **PETER** și **ALISON SMITHSON,** 1955–1956; The Economist Complex – Londra, Anglia, **PETER** și **ALISON SMITHSON,** 1959–1964; Ham Hommon (apartamente) – Londra, Anglia, **JAMES STIRLING** și **JAMES GOWAN,** 1955–1958; Art and Architecture Building – Yale, New Haven, Connecticut, SUA, **PAUL RUDOLPH,** 1958–1964

functionalism; raționalism; purism

postmodernism; deconstructivism

DINCOLO DE MODERNISM

Structuralism

Bazându-se pe studiile de antropologie – în mod special pe cele ale lui Claude Lévi-Strauss – structuralismul a propus teoria conform căreia tiparele fundamentale ale relațiilor sociale și ale comportamentului uman ar putea furniza baza pentru forme arhitecturale care să evite anonimatul steril, tehnologic, al modernismului ortodox.

RALPH ERSKINE (1913–1995); **JACOB BAKEMA** (1914–1981); **ALDO VAN EYCK** (1918–1999); **HERMAN HERTZBERGER** (n. 1932)

grupare; concentrare; formare socială; interacțiune

Reconstrucția urbană de după al Doilea Război Mondial a părut să îi ofere modernismului cecul în alb de care avea nevoie pentru a-și demonstra capacitatea de a crea orașe. Însă dezbaterile asupra unor subiecte precum ierarhia sau monumentalitatea, purtate în cadrul Congresului Internațional de Arhitectură Modernă, care definise ortodoxia modernistă începând de la apariția sa, în 1928, au devenit repede controversate.

Condus de arhitecți prea tineri ca să fi fost activi înainte de 1939, curentul structuralist a respins tehnologia ca generatoare de arhitectură și a căutat arhetipuri care să fi rămas constante în ciuda schimbărilor istorice. „Lumina călăuzitoare" era Aldo van Eyck, care călătorise în Africa de Nord și adoptase teoria lui Claude Lévi-Strauss conform căreia structura societății derivă din rețeaua fundamentală de relații. A acționa în interiorul acestor structuri sociale aducea sens și bogăție vieții; a fi în afara lor era o formă de exil.

Lévi-Strauss a adaptat un concept lingvistic la domeniul antropologiei. Transpunând acest concept în arhitectură, Van Eyck susținea că trebuiau identificate tiparele fundamentale sus-menționate. Având în mod evident nevoie de o structură fizică, formele și spațiile unei clădiri trebuiau să cultive (și nu să stingherească) interacțiunea socială, expresia estetică fiind secundară. Cu toate acestea, în mod aproape inevitabil, clădirile structuraliste rigidizau ceea ce ar fi trebuit să fie structuri sociale flexibile, transformând formele lor în imagini ușor de recunoscut.

Van Eyck a fost un membru de frunte al „Team X", tânăra generație de arhitecți care a reușit să îngenuncheze Congresul Internațional de Arhitectură Modernă, în 1950. Mai mulți membri ai acestui grup, printre care Peter și Alison Smithson, au propus scheme urbane de dimensiuni mari despre care susțineau că derivă din tiparele sociale. Chiar și Le Corbusier s-a alăturat grupului la proiectul său final – un spital din Veneția, a cărui principală calitate este că nu a fost niciodată construit. Cea mai de succes realizare au fost planurile (semnate de arhitecții de la Candilis-Josic-Woods) pentru Universitatea Liberă din Berlin, ideile liberale și programa de învățământ având strânse afinități cu structuralismul.

CONSTRUCȚII-CHEIE

→ **Central Beheer Office – Apeldoorn, Olanda, HERMAN HERTZBERGER, 1970–1972**

În viziunea lui Hertzberger, spațiul pentru birouri este fragmentat într-o serie de unități mai mici, cu legături între ele și adesea având facilități comune – totul cuprins într-un volum general.

ALTE CONSTRUCȚII

Orfelinat – Amsterdam, Olanda, **ALDO VAN EYCK,** 1957–1960; Universitatea Liberă – Berlin, Germania, firma **CANDILIC-JOSIC-WOODS,** 1963–1979; Școala Montessori – Delft, Olanda, **HERMAN HERTZBERGER,** 1966–1970; Colegiul Clare Hall – Cambridge, Anglia, **RALPH ERSKINE,** 1967; Spitalul de psihiatrie – Middelharnis, Olanda, **JACOB BAKEMA,** 1973–1974

regionalism; ecologism; constructivism; brutalism; metabolism

raționalism; postmodernism

Regionalismul a fost o reacție la uniformitatea pe care o dovedea modernismul în pofida enormelor diferențe climatice și sociale. Prin definiție, curentul variază în funcție de locație, dar ceea ce unește manifestările lui într-o tendință coerentă, dacă nu într-o mișcare formală, e angajamentul comun al proiectelor de a răspunde la condițiile locale, adesea sprijinindu-se pe tradițiile indigene la fel de mult ca și modernismul.

HASSAN FATHY (1900–1989); **LUIS BARRAGÁN** (1902–1988); **BRUCE GOFF** (1904–1982); **OSCAR NIEMEYER** (n. 1907); **ERNESTO ROGERS** (1909–1969); **GEOFFREY BAWA** (1919–2003); **CHARLES CORREA** (n. 1930); **RAJ REWAL** (n. 1934)

tehnologie corespunzătoare; reinterpretare; adaptare; loc

Pe măsură ce modernismul era folosit în întreg Occidentul, a devenit limpede că, oricât de universal aplicabile erau caracteristicile sale progresiste, materialele, formele și tehnicile de construcție nu puteau fi „transferate" așa ușor. Le Corbusier s-a confruntat cu astfel de provocări în noul oraș Chandigarh, din India, unde, alături de colaboratorii săi (Max Fry și Jane Drew), a înțeles că trebuiau să se adapteze la climatul Indiei și la industria locală a construcțiilor.

Numeroși alți arhitecți, de la exuberantul și eclecticul Bruce Goff, din Oklahoma, la rafinatul și sensibilul Geoffrey Bawa, din Sri Lanka, și-au găsit propriile „rețete", îmbinând principii formale ale modernismului cu trimiteri la tradițiile indigene, totul adaptat la folosirea materialelor disponibile pe plan local. În „Towards a Critical Regionalism", eseul de

mare succes al criticului de arhitectură Kenneth Frampton, acesta a recunoscut, retrospectiv, că tendința începuse să se manifeste cu câteva decade înainte, oferind legitimitatea teoretică pentru atingerea năzuințelor moderniste prin intermediul condițiilor locale – climă, lumină, topografie.

Regionalismul a înflorit mai ales acolo unde atitudinea critică față de modernismul folosit pe plan internațional avea un scop politic, ca în America Latină sau în India. Lucrările lui Luis Barragán, în Mexic, și ale lui Oscar Niemeyer, în Brazilia, reprezintă variante pline de viață ale modernismului, dublate, de inovatoare tehnici de construcție ce au permis obținerea unor forme de un dinamism extraordinar și a unor scheme coloristice pline de viață, specifice tradițiilor naționale.

Arhitectura indiană este mai puțin spectaculoasă. Pentru arhitecți precum Charles Correa și Raj Rewal moștenirea e importantă, însă imposibil de recuperat; ea oferă mai degrabă analogii decât modele de copiat, în timp ce modernismul sugerează țeluri sociale absente din arhitectura indiană tradițională. Astfel, lucrările lor sunt o distilare subtilă a ambelor limbaje arhitecturale.

CONSTRUCȚII-CHEIE

↑ **Clădirea Parlamentului – Kotte (lângă Colombo), Sri Lanka, GEOFFREY BAWA, 1979–1982**
Conceput ca un complex insular aflat într-o relație axială cu Colombo, acest monument postcolonial este tipic pentru regionalism, încorporând conceptele locale privitoare la spațiu și materiale într-un cadru tributar modernismului.

← **Muzeul de Artă Contemporană Niteroi – Rio de Janeiro, Brazilia, OSCAR NIEMEYER, 1991–1996**
În mare parte cu ajutorul lungii cariere a lui Niemeyer, Brazilia și-a dezvoltat propria tradiție în ceea ce privește modernismul. O temă comună este inventivitatea dovedită în folosirea structurilor de beton – aici sprijinind o formă asemănătoare unei nave spațiale, aflată parcă pe punctul de a zbura pe deasupra golfului.

ALTE CONSTRUCȚII

New Gourna – lângă Luxor, Egipt, **HASSAN FATHY,** 1948; Palatul industriilor (complex expozițional) – Sao Paulo, Brazilia, **OSCAR NIEMEYER,** 1951–1954; Torre Velasca – Milano, Italia, **ERNESTO ROGERS,** 1954–1958; Muzeul Gandi Ashram – Ahmedabad, India, **CHARLES CORREA,** 1963; Los Clubes – Ciudad de Mexico, Mexic, **LUIS BARRAGÁN,** 1967–1968

ecologism; structuralism

metaraționalism; arhitectură corporatistă

În 1960 a apărut metabolismul, pornind de la un grup de tineri arhitecți japonezi talentați, maturizați în perioada imediat postbelică. Atenția grupului era concentrată asupra neliniștilor unei societăți ce trebuia să facă față creșterii economice și schimbărilor tehnologice cu un ritm extrem de rapid. Ca reacție, grupul a furnizat o platformă de principii arhitectonice pornind de la care arhitectura japoneză ar fi putut avea o influență internațională.

KENZO TANGE (1913–2005); **FUMIHIKO MAKI** (n. 1928); **KIYONORI KIKUTAKE** (n.1928); **KISHO KUROKAWA** (n. 1934)

simbioză; comunicare; tehnologie; informație

În Japonia, modernismul a avut o istorie lungă, precum și câțiva adepți de renume, însă începând cu anii 1950 tradiția japoneză și rapida expansiune economică au contribuit la ruptura decisivă de rădăcinile europene. Kenzo Tange, eminența cenușie a metabolismului, a încercat să încorporeze esența tradiției arhitectonice japoneze în lucrările sale, referindu-se la aceasta mai degrabă prin analogii decât copiind-o direct. Lucrările târzii ale lui Le Corbusier (de exemplu pavilionul Philips de la Expoziția Internațională de la Bruxelles, din 1958 – formă gigantică, impetuoasă, generată pe baza principiilor matematice) au reprezentat o altă influență importantă.

Însă apariția produselor electronice a fost cea care i-a unit pe metaboliști într-un singur grup, cu ocazia Conferinței Mondiale de Design ce a avut loc la Tokio în 1960. De la aparatele radio cu tranzistori și până la telefoanele mobile și nenumărate alte aparate electronice din prezent, susțin adepții metabolismului, toate nu fac altceva decât să altereze linia de demarcație între public și privat. Oriunde ai fi, este posibil să asculți muzică sau să te angajezi într-o activitate personală, de tipul vorbitului la telefon. Acest lucru, susțineau ei, avea implicații profunde pentru locuințe, pe care ei le preconizau a fi adevărate „capsule" pline de tehnologie; pentru instituțiile publice, privite ca rețele legate prin noduri; și pentru orașe, considerate „terenuri" potrivite pentru experimentare. Imagistica metaboliștilor a datorat mult science-fictionului.

Expoziția Mondială de la Osaka, din 1970, a adus în atenția publicului din lumea întreagă performanțele economice ale Japoniei, dar și grupul metaboliștilor, în care începuseră deja să apară divergențe. Niciodată membru oficial al grupului, Arata Isokazi a considerat formele elementare, platonice, ca fiind calea către ordine într-o mare de electronică. Totuși, relația dintre virtual și real rămâne o preocupare centrală a arhitecturii japoneze.

CONSTRUCȚII-CHEIE

Nagakin Capsule Tower – Tokio, Japonia, KISHO KUROKAWA, 1972

Dezvoltarea masivă a tehnologiei – considerau adepții metabolismului – însemna că spațiile personale puteau fi grupate în „ciorchini" de „boabe" tehnologizate, precum capsulele individuale din acest bloc-turn. Acești „ciorchini" pot fi apoi interconectați prin diferite mijloace de comunicare și transport, organizându-se astfel și zonele publice ale orașului.

Primărie – Tokio, Japonia, KENZO TANGE, 1991

Tange a fost cel mai influent dintre arhitecții japonezi din a doua jumătate a secolului XX, iar ideile sale au adus o contribuție importantă metabolismului. Din lucrările sale târzii răzbate preocuparea arhitectului față de formele îndrăznețe și față de utilizarea tehnologiei. Având peste 200 de metri înălțime, clădirea primăriei este printre cele mai înalte din Tokio. Organizarea construcției face trimitere la speranța metaboliștilor că tehnologia va reconfigura relațiile dintre spațiul public și cel privat, personal.

ALTE CONSTRUCȚII

în Japonia

Sky House – Tokyo, **KIYONORI KIKUTAKE**, 1959; Universitatea Rissho – Kumagaya, **FUMIHIKO MAKI**, 1967–1968; Turnul Sony – Osaka, **KISHO KUROKAWA**, 1976

tehnologism; brutalism; structuralism; regionalism

postmodernism; neoclasicism

Postmodernism

Postmodernismul se referă la diferitele tendințe, apărute după 1960, ce au căutat să extindă aria de mesaje, de înțelesuri pe care arhitectura le putea transmite și pe care modernismul ortodox părea să le înăbușe. Sursele lui de inspirație variau de la referințe istorice la cultura populară, însă toate aceste tendințe erau legate între ele de angajamentul față de pluralismul formelor și al înțelesurilor. În anumite aspecte, el a început să definească modul în care arhitectura putea relua legătura cu locurile, cu tradiția și cu comunitatea.

CHARLES MOORE (1925–19994); **ROBERT VENTURI** (n. 1925); **DENISE SCOTT BROWN** (n. 1931); **JAMES STIRLING** (1926–1992); **MICHAEL GRAVES** (n. 1934); **HANS HOLLEIN** (n. 1934); **TERRY FARRELL** (n. 1938); **ROBERT STERN** (n. 1939); **JOHN OUTRAM** (n. 1934); **LEON KRIER** (n. 1946)

sintaxă; ambiguitate; referință; ironie; pluralism; simbolism

Modernismul a devenit forța arhitectonică dominantă după al Doilea Război Mondial, care a arătat limitările acestuia în relaționarea cu contextul, dar și în crearea înțelesurilor. Postmodernismul a fost răspunsul arhitecților la toate acestea, cu toate că, fiind o critică la adresa modernismului, a avut oarecare afinități cu izbucnirile de nemulțumire, atât politice, cât și comunitare, apărute în același timp.

Robert Venturi a fost primul și cel mai erudit exponent al curentului postmodernist în arhitectură. În două dintre lucrările lui – cartea *Complexity and contradiction* (1966) și proiectul pentru casa din Philadelphia a mamei sale (1965) – a propus o arhitectură bogată în simboluri, ambiguități și aluzii, susținându-și cauza prin referințe la istorie și la critica literară. Ca student al lui Luis Kahn, Venturi a căutat să separe modernismul de ceea ce el considera a fi banalitățile modernismului corporatist, mai degrabă îndreptându-l către tradiție decât renunțând complet la el și stabilind astfel tiparul după care s-a dezvoltat postmodernismul în SUA, unde diferența dintre modernism și „pomo" (postmodernism) consista adesea doar în materialul/sistemul de placare a clădirilor – vezi turnul corporației AT&T, de Philp Johnson, sau numeroasele lucrări ale lui Michael Graves.

În Europa, unde modernismul era în aceeași măsură o manifestare a politicii democratice și a comerțului, postmodernismul „arată" altfel.

Consilierul prințului Charles, Leon Krier, a văzut modernismul ca pe o aberație ce a distrus comunitățile. Aldo Rossi a căutat tiparele ascunse ale formelor urbane, considerându-le singura bază relevantă pentru arhitectură – în legătură cu tradiția, însă fără a se referi în mod deschis la aceasta. Iar permisiunea de a se raporta la tradiție a eliberat de constrângeri monumentalul simț al formelor al lui James Stirling.

CONSTRUCȚII-CHEIE

Casa Vanna Venturi – Chestnut Hill, Philadelphia, Pennsylvania, SUA, ROBERT VENTURI, 1965

Cu acest proiect, Venturi a dovedit că până și o construcție de mică dimensiuni poate fi bogată în înțelesuri. Șemineul este un simbol domestic vechi de când lumea; efectul generat de forma acoperișului duce cu gândul la un fronton clasic, iar echilibrul ferestrelor este un element modernist – ba chiar constructivist. Arcada de deasupra intrării reunește simbolic cele două părți ale frontonului, subliniind totodată separarea.

↑ Staatsgalerie – Stuttgart, Germania, JAMES STIRLING, 1977–1984

Referirile la clasicism, cum este cazul cornișei, confirmă tendințele spre monumental ale lui Stirling, însă un monumental de după modernism. Culorile puternice sugerează un element populist, iar la parter câteva bucăți de zid sunt presărate pe sol, ca și cum ar fi fost împinse afară pentru a arăta că în spatele formalismului pietrei se află o structură modernistă din oțel.

ALTE CONSTRUCȚII

Bijuteria Schullin – Viena, Austria, **HANS HOLLEIN,** 1972–1974; Piazza d'Italia – New Orleans, Louisiana, SUA, **CHARLES MOORE,** 1979; Hotelurile Disney – Florida, SUA, **MICHAEL GRAVES,** 1987–1990; Sediul central Disney – California, SUA, **MICHAEL GRAVES;** 1988–1990; Stația de pompare Isle of Dogs – Londra, Anglia, **JOHN OUTRAM,** 1988

baroc;
neoraționalism

arhitectură corporatistă; tehnologism;
raționalism

Tehnologism

Combinația dintre grafica sci-fi și numărul din ce în ce mai mare de bunuri electronice de consum, în anii 1950, a schimbat relația dintre arhitectură și tehnologie. Tehnologismul descrie modul în care arhitecții au încercat să acopere distanța dintre imaginile ținând de domeniul fanteziei și posibilitățile reale oferite de noua tehnologie.

RICHARD BUCKMINSTER FULLER (1895–1983); **CHARLES EAMES** (1907–1978); **RAY EAMES** (1912–1988); **RON HERRON** (1930–1994); **RICHARD ROGERS** (n. 1933); **CEDRIC PRICE** (1934–2003); **NORMAN FOSTER** (n. 1935); **MICHAEL HOPKINS** (n. 1935); **PETER COOK** (n. 1936); **RENZO PIANO** (n. 1937); **NICHOLAS GRIMSHAW** (n. 1938)

tehnologie; luminozitate; eficiență; structură

În 1960, criticul britanic de arhitectură Reyner Banham a avertizat arhitecții că acceptarea tehnologiei însemna aruncarea oricărui „bagaj" istoric – chiar și a trecutului recent. Modernismul, după cum susținea el, se înnămolise într-o obsesie nesănătoasă legată de formă și de compoziție, tocmai când mașinile cu motor și aparatele electrocasnice îi eliberau pe oameni de ierarhiile sociale și de tradițiile istovitoare.

Ideile lui Benham au găsit mai mulți adepți. Unul dintre ei era mai mult decât originalul Cedric Price; acesta, motivat de angajamentul politic în aceeași măsură ca și de tehnologie, a văzut în proiectele arhitectonice oportunități – specifice locului și timpului lor – de facilitare a reorganizării societății. Imaginile ispititoare

propuse de Price, împreună cu Joan Littlewood (pe atunci directoare de teatru), în planurile pentru Fun Palace au reconfigurat uzanțele privitoare la ceea ce ar putea să însemne un spectacol de teatru, în timp ce proiectul „Thinkbelt", gândit de el pentru The Potteries (denumire dată orașului Stoke-on-Trent din Staffordshire, Anglia – n.tr.), oferea o viziune deosebită a educației, privită ca unealtă de regenerare urbană și reînnoire socială. Nici unul dintre proiecte nu a devenit realitate.

Grupul Archigram, atât prin doctrina, cât și prin grafica sa, a avut de asemenea o influență puternică – chiar dacă încercările grupului de a transforma proiectele în realitate au fost contracarate. Imagistica lor seducătoare și afinitățile clare cu perioada tulbure a anilor 1960 păreau a indica o arhitectură a noilor posibilități.

Atracția obsesivă a lui Banham față de tehnologie, împreună cu entuziasmul său pentru studiul de caz „Case californiene" au contribuit și la modelarea arhitecturii hi-tech vizibilă la lucrările timpurii semnate de Richard Rogers și Norman Foster, deși Foster era profund influențat de americanul Buckminster Fuller. Pentru Rogers, tehnologia era calea ce ducea către împlinirea personală, pe de o parte, și dovada ruperii de tradiție și convenție, pe de alta.

CONSTRUCȚII-CHEIE

← Centrul Georges Pompidou – Paris, Franța, RENZO PIANO și RICHARD ROGERS, 1971–1977

Piano și Rogers au câștigat concursul de proiecte pentru centrul expozițional cu o lucrare având o viziune radicală ce pretindea că „democratizează" accesul la artă. Construcția are o serie de nivele fără coloane sau pereți, astfel că obiectele, cărțile și atelierele pot fi așezate oriunde. O astfel de caracteristică constructivă a necesitat eforturi și trucuri structurale considerabile, în timp ce utilitățile necesare climatizării și iluminării spațiilor expoziționale au fost așezate în spatele clădirii, dându-li-se o expresie monumentală.

→ Sainsbury Centre, University of East Anglia – Norwich, Anglia, **NORMAN FOSTER,** 1978

Rațiunea de a fi a arhitecților „hi-tech" britanici a constituit-o transformarea în forme expresive a structurii și utilităților, precum instalațiile sanitare și de climatizare. Aici, structura și utilitățile împart o zonă definită cu ajutorul părților de oțel, modificând lumina și temperatura dinspre exterior astfel încât să fie optimă pentru obiectele de artă expuse.

ALTE CONSTRUCȚII

în Anglia

Clădirea Lloyds – Londra, **RICHARD ROGERS,** 1978–1986; Inmos Factory – Newport, South Wales, **RICHARD ROGERS,** 1980–1982; Laboratoarele Schlumberger – Cambridge, **MICHAEL HOPKINS,** 1985; Imagination Headquarters – Londra, **RON HERRON,** 1990

în SUA

Casa Eames – Los Angeles, California, **CHARLES EAMES** și **RAY EAMES,** 1949

în Canada

Pavilionul SUA (domul geodezic) – Expoziția Mondială de la Montreal, Quebec, **RICHARD BUCKMINSTER FULLER,** 1967

metabolism; raționalism; ecologism

postmodernism; regionalism

Neoraționalism

Neoraționalismul, spre deosebire de alte curente premergătoare, nu crede în găsirea unor baze pentru arhitectură prin înțelegerea tiparelor orașelor clasice europene, în detrimentul structurii sau formei abstracte. Dezvoltarea acestor orașe, susțin adepții neoraționalismului, evoluează în jurul unor forme ce persistă chiar și când funcțiile lor se schimbă. Ca purtătoare ale valorilor și ideilor culturale, aceste forme au devenit elementele esențiale ale noilor proiecte.

OSWALD UNGERS (n. 1926); ALDO ROSSI (1931–1997); ALVARO SIZA (n. 1933); MARIO BOTTA (n. 1943)

oraș; tip; istorie; formă

Neoraționalismul a apărut în anii 1960, concentrat în jurul necesității de a relua legăturile cu moștenirea orașelor istorice – în special a celor din Europa continentală –, care scăpaseră de ravagiile industrializării și de cele ale războiului. Adepții neoraționalismului au respins conceptele moderniste privind formele urbane, susținând că întreaga „țesătură" a unui oraș – străzile, clădirile obișnuite, monumentele – era importantă pentru caracterul acestuia. Aceste elemente evoluează și se consolidează în timp, devenind forme ce persistă indiferent de funcția pe care ajung să o îndeplinească, în ele fiind întipărit subconștientul colectiv.

Pentru doi dintre cei mai sofisticați neoraționaliști, germanul Oswald Ungers și italianul Aldo Rossi, aceste forme furnizau analogii cu trecutul, pe care arhitecții le-au refolosit interpretându-le ca esențe abstracte, și nu ca modele de copiat.

Rossi a fost puternic influențat de picturile lui Giorgio de Chirico, iar clădirile sale sunt împrăștiate, ca și cum formele lor ar încerca să vorbească, însă nu pot să o facă. Ceea ce ar putea ele să zică pare a veni din însăși esența tradiției lor culturale, iar imposibilitatea de a o face trece repede de la amărăciune la tragedie. Neoraționaliștii au văzut acest lucru ca pe un rezultat inevitabil al crizei culturale generalizate ce a urmat alienării produse de capitalism, de nazism și de comunismul sovietic. Teoriile lor se bazau puternic pe concepte sociale și politice.

Pentru a depăși această disjuncție, Rossi a adoptat unele aspecte ale suprarealismului, jonglând cu formele și dimensiunile; un ceainic proiectat de el are forma unei clădiri, iar o clădire are dimensiuni imposibil de etalonat. Pentru Ungers, schema rămâne constantă, subliniind un sistem abstract de organizare ce conferă coerență formelor.

CONSTRUCȚII-CHEIE

← **Cimitirul San Cataldo – Modena, Italia, ALDO ROSSI, începând cu anul 1980**
În viziunea lui Rossi, cimitirul este un oraș al morților. Pentru Rossi, un oraș e o colecție de forme arhetipale ce au rezistat și au evoluat de-a lungul istoriei. Monumentele sunt osuarele colorate în roșu și coșul crematoriului, iar rămășițele umane sunt așezate, precum casele celor vii, în clădiri simple, pe „străzi" cu arcade.

↓ **Centrul de Artă Contemporană al Galiciei – Santiago de Compostella, Spania, ALVARO SIZA, 1988–1993**
O formă aparent simplă dezvăluie treptat o complexitate extraordinară, generată de reacțiile la istoria locului, de monumentele din vecinătate și de tiparul stradal. Pe lângă funcția sa de muzeu, clădirea este și o meditație asupra orașului, istoriei și culturii sale.

ALTE CONSTRUCȚII

Casa Ungers – Köln, Germania, **OSWALD UNGERS,** 1959; Complexul de locuințe Gallaretese – Milano, Italia, **ALDO ROSSI,** 1970–1973; Școala secundară – Morbio Inferiore, Elveția, **MARIO BOTTA,** 1972–1977; Biserica Santa Maria de Canaveses – Oporto, Portugalia, **ALVARO SIZA,** 1990–1996

raționalism; neoclasicism; sublim

tehnologism; ecologism

Deconstructivism

Deconstructivismul, combinație greoaie și lipsită de grație între constructivism și conceptele literare ale lui Jacques Derrida, a încercat să identifice terenul pe care se puteau întâlni noile forme, pline de inventivitate, și încercările de a diversifica baza teoretică a arhitecturii. Aceste tendințe au apărut în anii 1980 ca reacție la evidentele neajunsuri ale convențiilor moderniste, ca și la posibilitatea prăbușirii totale a acestora.

GÜNTHER BEHNISCH (n. 1922); **FRANK GEHRY** (n. 1929); **PETER EISENMAN** (n. 1932); **BERNARD TSCHUMI** (n. 1944); **HELMUT SWICZINSKY** (n. 1944); **ZAHA HADID** (n. 1950); **WOLF PRIX** (n. 1942)

limbaj; înțeles; negativism

Schimbarea politicii economice și un val de noi teorii au făcut ca arhitectura anilor 1980 să fie extrem de diversă, cum nu mai fusese de peste o generație. Atât formele, cât și conținutul intelectual al arhitecturii demonstrau această diversitate. Tabuurile legate de raportarea la arhitectura trecutului au dispărut, și astfel istoria arhitecturii a devenit un catalog de motive, în timp ce arhitecții cu înclinații spre teorie și-au îndreptat atenția către evoluțiile intelectuale – cum este cazul poststructuralismului francez – unde au găsit analogii cu intențiile lor de a răsturna canoanele moderniste.

Una dintre descoperirile făcute în istoria arhitecturii a fost constructivismul rus, care a avut două puncte principale de atracție. În primul rând, acordându-i-se doar un interes redus în istoria modernismului, s-a putut trece cu vederea peste originile sale și peste tema dominantă a rolului arhitecturii în societate, acordându-se atenție doar inventivității, ca dovadă a libertății creatoare – implicând chiar că arhitectura era o disciplină autonomă. În al doilea rând, deoarece curentul constructivist, fiind un „lăstar" al modernismului (prea puțin îngrijit), era un antidot pentru postmodernism, și astfel a devenit mandatul de care era nevoie pentru continuarea războiului ideologic.

Între timp, cercetarea sintaxei modernismului s-a apropiat de lingvistica poststructuralistă a lui Derrida. Deși încercările de a folosi deconstructivismul direct în domeniul arhitectonic nu au fost încununate de succes, au existat câțiva termeni, precum „différance", care păreau aplicabili amestecului intelectual al arhitecturii. Expoziția din 1988, de la Muzeul de Artă Modernă din New York, cu temă deconstructivismul, a încercat să explice aceste conexiuni, deși mai degrabă a părut să arate inerenta lor instabilitate. Însă nu s-a prevăzut că domeniul IT era pe punctul de a cunoaște o dezvoltare explozivă ce avea să permită construirea formelor vizionare proiectate de arhitecții prezenți la expoziție. La începutul noului mileniu, termenul „deconstructivism" rămăsese îngropat sub spectacolul formelor extraordinare.

CONSTRUCŢII-CHEIE

← **Muzeul Guggenheim – Bilbao, Spania, FRANK GEHRY, 1997**

Gehry a rescris convențiile arhitecturale prin lucrarea sa, cea mai faimoasă clădire de tip nou a anilor 1990. Cu ajutorul programelor de computer – folosite și la proiectarea avioanelor de luptă – el a dezvoltat formele complexe, placate cu titaniu, structura de rezistență ocupând un spațiu neobișnuit, între învelișul exterior și spațiile de expunere din interior.

↑ **Centrul de Ştiinţă – Wolfsburg, Germania, ZAHA HADID, 2005**

Cariera lui Hadid, după prezența lui la expoziția din 1988 de la Muzeul de Artă Modernă, demonstrează atât punctele forte, cât și pe cele slabe ale arhitecturii deconstructiviste. Inventivitatea formelor este încă prezentă și aici. Totuși, în loc să se justifice prin fragile analogii cu teoria literară esoterică, arhitectul a preferat, în lucrările sale recente, să folosească forme derivate din formule matematice complexe, ce pot fi analizate și construite mulțumită uriașei puteri a computerelor.

ALTE CONSTRUCŢII

Parcul Villette – Paris, Franța, **BERNARD TSCHUMI,** 1982–1993; Wexner Center, Universitatea din Ohio – Athens, Ohio, SUA, **BERNARD TSCHUMI,** 1990; Attic Conversion – Viena, Austria, **WOLF PRIX** și **HELMUTH SWICZINSKY,** 1984–1988; Hysolar – Universitatea din Stuttgart, Germania, **GÜNTHER BEHNISCH,** 1988; Vitra – Weil-am-Rhein, Germania, **ZAHA ADID,** 1994

constructivism; metaraționalism; tehnologism

postmodernism; purism

Ecologismul e „zona" spre care au migrat exponenții curentului hi-tech când suspiciunile privitoare la incapacitatea tehnologiei de a genera forme prin propriile puteri au luat amploare. Prin contrast, căutarea unor soluții viabile, rezistente, oferea un imperativ moral pentru a justifica abordarea revoluționară a formelor și materialelor folosite – adesea utilizând la proiectare simulări pe computer.

EDWARD CULLINAN (n. 1933); **NORMAN FOSTER** (n. 1935); **MICHAEL HOPKINS** (n. 1935); **RICK MATHER** (n. 1937); **RENZO PIANO** (n. 1937); **IAN RITCHIE** (n. 1947);

rezistență; conservare; inovație

Așa cum raționalismul structural s-a folosit de principiile matematice pentru a furniza un motiv obiectiv anumitor forme arhitectonice, ecologismul analizează rațional principiile viabilității și posibilitatea aplicării inovațiilor în design – sarcină pe care încălzirea globală o transformă în urgență.

În trecut, această analiză se aplica la experiență: clădirile autohtone, construite cu tehnici și materiale locale, a căror formă era perfect adaptată mediului, sunt cu mult mai rezistente și mai apte a face față cerințelor specifice decât clădirile cu estetică străină construite din materiale neobișnuite. Cu toate acestea, programele de computer pot prevedea cu acuratețe performanțele unei clădiri și pot studia efectele unei schimbări minore de design. Astfel, designerii pot fi siguri că proiectele lor au forma, orientarea și finisarea optime pentru anumite activități, în anumite locuri.

Pentru a obține o clădire viabilă e obligatorie abordarea holistică a tuturor factorilor și condițiilor de ordin fizic, precum și aprecierea felului în care toți acești factori se raportează la funcția clădirii respective. Elementele estetice variază și ele. Cu două sau trei învelișuri de

CONSTRUCȚII-CHEIE

← **Centrul Cultural Jean Marie Tjibaou – Nouméa, Noua Caledonie, RENZO PIANO, 1991–1998**
Construit pentru a celebra cultura locală Kanak, complexul, cuprinzând zece „scoici" din lemn, este o încercare de a îmbina tradițiile și materialele locale cu avansatele cunoștințe tehnologice occidentale – o abordare ce dovedește un mai mare simț al responsabilității decât globalizarea.

↓ **Clădire de birouri – Stockley Park, Londra, Anglia, IAN RITCHIE, 1990**
Cu un „umbrar" gigantic și pereți de sticlă tratată, Ritchie a vrut să demonstreze că o clădire conformă imaginii și așteptărilor mediului de afaceri modern nu este obligatoriu și „risipitoare" cu resursele naturale.

ALTE CONSTRUCȚII
în Anglia
Portcullis House – Londra, **MICHAEL HOPKINS,** 1989–2000; Cămine studențești – East Anglia University, Norwich, **RICK MATHER,** 1991; Archeolink Visitor Centre – Aberdeenshire, **EDWARD CULLINAN,** 1995; Turnul Swiss Re („The Gherkin") – Londra, **NORMAN FOSTER,** 2004

sticlă care să acționeze pe post de tampon sau, dimpotrivă, conductor pentru căldură, chiar și serele pot fi împiedicate să risipească energia, în timp ce dalele și structura de rezistență pot fi folosite pentru a absorbi surplusul de căldură și a-l emite în cazul unor temperaturi mai scăzute.

Ocazional, arhitecții profită de posibilitatea de a modela o clădire într-o manieră neobișnuită, îmbunătățind ventilația sau iluminarea naturală. Totuși, într-un oraș, de exemplu, clădirile pot să aibă forme bine determinate, așa că îmbunătățirea performanțelor unei construcții banale poate necesita adăugarea unor conducte și coșuri suplimentare pentru a facilita mișcarea aerului dinăuntru. Pot exista și nenumărate alte adăugiri, care să fie invizibile și totuși să aibă efect, modificând proporțiile în funcție de care experiența arhitecturală rămâne vizuală sau depinde de alți stimuli.

regionalism; tehnologism

arhitectură corporatistă; raționalism; postmodernism

Metaraționalism

Metaraționalismul este ceea ce se întâmplă în arhitectură atunci când logica economistului James Galbraith, în a cărui opinie, în societatea bogată, nu se face o distincție între lux și necesitate, se întâlnește cu complexitatea științei, cu capacitatea acesteia de a răsturna logica structurală. Rezultatul este o desfătare de experiențe prezentate în interiorul unor forme fenomenale.

TOYO ITO (n. 1941); **REM KOOLHAAS** (n. 1944); **DANIEL LIBESKIND** (n. 1946); **STEVEN HOLL** (n. 1947); **JACQUES HERZOG** (n. 1950); **PIERRE DE MEURON** (n. 1950); **PETER DAVIDSON** (n. 1955); **DON BATES** (n. 1953); **WINY MAAS** (n. 1959); **JACOB VAN RIJS** (n. 1964); **NATHALIE DE VRIES** (n. 1965); **ALEJANDRO ZAERA-POLO** (n. 1963); **FARSHID MOUSSAVI** (1965)

IT; variație; fractal; reglabil; îndoire

Cartea lui Rem Koolhaas, *Delirious New York,* aproape că a reușit să demonstreze că mâncatul stridiilor, îmbrăcat doar în mănuși de box, la etajul 9 al Downtown Athletic Club, este o activitate logică pentru un burlac din marea metropolă. Capitalismul târziu s-a combinat cu suprarealismul și, sub influența cinematografiei, ai stabilit termenii unei noi realități; poate că relativă și instabilă, într-adevăr, însă – spune Koolhaas – așa este și modernismul.

Aceasta e logica metaraționalismului, care își are rădăcinile în filozofia de consum, în ceea ce privește felul în care masele schimbă atât natura relațiilor economice, cât și configurația spațială a orașelor. În plus, produsele electronice de larg consum schimbă felul în care percepem ambientul. Modernismul a fost doar o etapă dintr-un proces, și oricât de mare ar fi fost forța sa, încercarea de a recrea trecutul nu e altceva decât sentimentalism inutil. Societatea, dacă nu chiar arhitectura, va face ca formele modernismului, indiferent de înțelesul pe care l-au avut, să devină demodate.

Koolhaas vorbește despre restricțiile „zebrei" – rigida împărțire a clădirilor în fâșii alternante de spațiu și structură – și caută să spargă aceste „straturi" în suprafețe desfășurate care pot, eventual, să corespundă unei funcții, deși nu e o cerință obligatorie. Toyo Ito, în a sa Sendai Mediatheque (1995–2000), din Miyagi, Japonia, face un lucru asemănător: în loc de coloane solide de susținere, mediateca are turnuri alcătuite din tuburi de oțel răsucite ce permit oamenilor, informației și energiei să circule printre ele.

Ca punct în care estetica devine o relație economică, cumpărăturile constituie activitatea metaraționalistă fundamentală. Treptat, mici magazine elegante capătă statut de galerii de artă, obiectele prezentate înăuntru căpătând noi valențe. Într-o notă finală de relativism, acesta este decorul ce determină dacă o bucată de țesătură este artă sau îmbrăcăminte, ori dacă o bucată de metal este bijuterie sau sculptură.

CONSTRUCȚII-CHEIE

← **Magazinul Tods – Tokio, Japonia, arhitect: TOYO ITO, 2004**

Magazinele de lux au devenit modalitatea de etalare a designului de avangardă. Aici, Ito arată că preferă structurile generate de matematicile complexe, și nu de fizica newtoniană, pentru a defini un câmp de experiențe spațiale.

→ **Congrexpo (Lille Grand Palais) – Lille, Franța, REM KOOLHAAS / BIROUL DE ARHITECTURĂ METROPOLITANĂ, 1994**

Uriașă sală de expoziție și centru de conferință, alături de numeroase alte facilități, totul asociat cu linia de TGV, Congrexpo dă o idee despre ce înseamnă pentru Rem Koolhaas, fondatorul Biroului de Arhitectură Metropolitană, noțiunea de „măreție" – condiție care, susține el, scoate din circulație tradiționalele concepte arhitecturale, de acum învechite. Spațiile vaste sunt diferențiate doar prin utilitate, iar distanța dintre perimetru și centru este prea mare pentru ca fațada să poată revela întreaga activitate din interior.

ALTE CONSTRUCȚII

Stația de feribot Yokohamal – Japonia, **ALEJANDRO ZAERA-POLO** și **FARSHID MOUSSAVI,** 2002; Federation Square – Melbourne, **PETER DAVIDSON** și **DON BATES,** 2002; Schaulager Foundation – Basel, Elveția, **JACQUES HERZOG** și **PIERRE DE MEURON,** 2003; Villa VPRO – Hilversum, Olanda, **WINNY MASS, JACOB VAN RIJS** și **NATALIE DE VRIES,** 1997; Muzeul Evreiesc – Berlin, Germania, **DANIEL LIBESKIND,** 1999; Het Oosten Office – Amsterdam, Olanda, **STEVEN HOLL,** 2000

deconstructivism; raționalism; expresionism

neoraționalism; postmodernism; arhitectură corporatistă

6

REFERINȚE

Glosar al clădirilor

A

Abaţia Ottobeuren (1744–1767) – Ottobeuren, Germania
Rococo

Abaţia Saint Denis (1135–1144) – (lângă) Paris, Franţa
Gotic scolastic

All Hallows by the Tower (1765) – Londra, Anglia
Sublim

All Saints (1850–1859) – Londra, Anglia
Medievalism

Ancy-le-Franc (cca 1546) – Burgundia, Franţa
Clasicism regional

Angkor Wat (începutul secolului XII) – Cambodgia
Indo-khmerism

Archeolink Visitor Centre (1995) – Aberdeenshire, Scoţia
Ecologism

Arcul de Triumf (1806–1835) – Paris, Franţa
Urbanism monumental

Arcul lui Titus (82 d.Hr.) – Roma, Italia
Clasicism roman

Ashbridge House (începând cu 1808) – Hertfordshire, Anglia
Exotism

Auditorium (1887–1889) – Chicago, SUA
Funcţionalism

B

Banca Angliei (1792) – Londra, Anglia
Sublim

Barajul Dnieproges (1932) – Dnieprostroi, Ukraina
Constructivism

Bariera de la Villette (1785–1789) – Paris, Franţa
Sublim

Basilica di Santa Maria del Fiore (Catedrala din Florenţa) (începând cu 1296) – Florenţa, Italia
Invenţionism

Bazilica San Marco (1063–1085) – Veneţia, Italia
Clasicism creştin

Bazilica Vicenza (1546–1549) – Vicenza, Italia
Manierism

Bazinul pinguinilor (1934) – Grădina zoologică Regent Park, Londra, Anglia
Purism

Bauhaus-Dessau (1926) – Germania
Raţionalism

Bavinger House (1950–1955) – Norman, Oklahoma, SUA
Usonianism

Bedford Square (1775) – Londra, Anglia
Urbanism georgian

Belvedere (1714–1723) – Viena, Austria
Rococo

Biblioteca Naţională (1860–1868) – Paris, Franţa
Raţionalism structural

Biblioteca Laurentiana (1524) – Florenţa, Italia
Manierism

Biblioteca Sainte Geneviève (1845–1850) – Paris, Franţa
Raţionalism structural

Biroul pensiilor de stat (1929–1933) – Praga, Cehia
Purism

Biserica Santa Maria de Canaveses (1990–1996) – Oporto, Portugalia
Neoraţionalism

Biserica Sf. Vasile (1555–1560) – Moscova, Rusia
Clasicism creştin

Biserica Sfinţilor Sergiu şi Bachus (cunoscută şi ca Mica Moschee Sf. Sofia) (525–530) – Istanbul, Turcia
Clasicism creştin

Blenheim Palace (1705–1720) – Woodstock, Oxon, Anglia
Empirism anglican

Blocul Eigen Haard (1921) – Amsterdam, Olanda
Expresionism

British Museum (1823–1847) – Londra, Anglia
Neoclasicism

British Museum, Old Reading Room (1852–1857) – Londra, Anglia
Materialism

Burlington House (the Royal Academy) (1717) – Londra, Anglia
Palladism

Bursa din Amsterdam (1897–1903) – Amsterdam, Olanda
Raţionalism structural

C

Cancelaria din Berlin (1938) – Berlin, Germania
Totalitarism

Capela Pazzi (1429–1446) – Florenţa, Italia
Invenţionism

Capela St. John, Turnul Londrei (1086–1097) – Londra, Anglia
Clasicism creştin

Casa Artei Germane (1933–1937) – München, Germania
Totalitarism

Casa de pe dig (complex de apartamente) (1928–1931) – Moscova, Rusia
Totalitarism

Casa del Fascio (1932–1936) – Como, Italia
Totalitarism

Casa Laroche Jeanneret (1923) – Paris, Franţa
Purism

Casa Nobililor (sau Casa Cavalerilor) (1641–1674) – Stockholm, Suedia
Clasicism regional

Casa Roşie (1859) – Bexleyheath, Anglia
Antiurbanism

Casa Vanna Venturi (1965) – Chestnut Hill, Philadelphia, Pennsylvania, SUA
Postmodernism

Castelul Mereworth (1722–1725) – Kent, Anglia
Palladism

Castelul Pommersfelden (începând cu 1711) – Germania
Rococo

Castelul Vaux-le-Vicomte (1657–1661) – Maincy, Franţa
Absolutism

Castelul Versailles (1661–1678) – Paris, Franţa
Absolutism

Catedrala din Canterbury (1096–1185) – Canterbury, Anglia
Gotic scolastic

Catedrala din Chartres (1194–1260) – Franţa
Gotic scolastic

Catedrala din Durham (1093–1132) – Durham, Anglia
Clasicism creştin

Catedrala din Mexico City (1585) – Mexico City, Mexic
Pietism

Catedrala din Rheims (1211–1290) – Rheims, Franţa
Gotic scolastic

Catedrala Notre-Dame (1163–1250) – Paris, Franţa
Gotic scolastic

Catedrala Sagrada Familia (începând cu 1883) – Barcelona, Spania
Arhitectură industrială decorativă

Cămine studenţeşti (1991) – East Anglia University, Norwich, Anglia
Ecologism

Central Beheer Office (1970–1972) – Apledoorn, Olanda
Structuralism

Centrul de Ştiinţă (2005) – Wolfsburg, Germania
Deconstructivism

Centrul Cultural Jean-Marie Tjibaou (1991–1998) – Noumea, Noua Caledonie
Ecologism

Centrul de Artă Contemporană al Galiciei (1988–1993) – Santiago de Compostella, Spania
Neoraționalism

Centrul Georges Pompidou (1971–1977) – Paris, Franța
Tehnologism

Chateau de Chambord (1519–1547) – Valea Loirei, Franța
Clasicism regional

Chiswick House (1725–1729) – Londra, Anglia
Palladism

Christchurch Spitalfields (1723–1729) – Londra, Anglia
Empirism anglican

Chrysler Building (1930) – New York, SUA
Arhitectura zgârie-norilor

Cimitirul San Cataldo (1980) – Modena, Italia
Neoraționalism

Citadela (cca 600 d.Hr.) – Teotihuacan, Mexic
Arhitectură precolumbiană

Clădirea comercianților de textile (Cloth Hall) (1202–1304) – Ypres, Belgia
Gotic comercial

Clădirea Parlamentului (1835–1868) – Londra, Anglia
Arhitectură victoriană

Clădirea Parlamentului din Kotte (1979–1982) – (lângă) Colombo, Sri Lanka
Regionalism

Clădirea primăriei (1991) – Tokio, Japonia
Metabolism

Clădirea primăriei Seindjoki (1958–1960) – Finlanda
Funcționalism

Clădirea Secession (1898) – Viena, Austria
Arhitectură industrială decorativă

Clădirea senatului Universității Madras (1874–1879) – Madras, India
Imperialism

Clubul Rusakov (1927–1928) – Moscova, Rusia
Constructivism

Colegiul Clare Hall (1967) – Universitatea Cambridge, Anglia
Structuralism

Colegiul Keble (1868–1882) – Universitatea Oxford, Anglia
Arhitectură victoriană

Colegiul Mayo (1875–1879) – Rajahstan, India
Imperialism

Colosseum (70–82 d.Hr.) – Roma, Italia
Clasicism roman

Complexul „The Economist" (1959–1964) – Londra, Anglia
Brutalism

Complexul de locuințe Gallaretese (1970–1973) – Milano, Italia
Neoraționalism

Complexul de locuințe Weissenhofseidlung (1927) – Stuttgart, Germania
Raționalism

Congrexpo (Lille Grand Palais) (1994) – Lille, Franța
Metaraționalism

Curtea Regală de Justiție (1868–1882) – Londra, Anglia
Medievalism

D

Domul Bazilicii San Pietro (1547–1590) – Roma, Italia
Manierism

E

Edinburgh, Orașul nou (începând cu 1767) – Edinburgh, Scoția
Urbanism georgian

El Escorial (1559–1584) – (lângă) Madrid, Spania
Pietism

Empire State Building (1931) – New York, SUA
Arhitectura zgârie-norilor

Erechteion (421–405 î.Hr.) – Atena, Grecia
Clasicism elen

F

Fabrica de sticlă Ford (1822) – Detroit, Michigan, SUA
Corporatism

Fabrica Inmos (1980–1982) – Newport, South Wales, Anglia
Tehnologism

Fatehpur Sikri (1569–1580) – Agra, India
Indism

Federation Square (2002) – Melbourne, Australia
Metaraționalism

Ferma Garkau (1924–1925) – (lângă) Lübeck, Germania
Funcționalism

Filarmonica din Berlin (1960–1963) – Berlin, Germania
Funcționalism

G

Galeria de artă a Universității Yale (1951–1954) – New Haven, Connecticut
Usonianism

Gliptoteca (1816–1834) – München, Germania
Neoclasicism

Greg Affleck House (1941) – Bloomfield Hills, Michigan, SUA
Usonianism

H

Het Oosten Office (2000) – Amsterdam, Olanda
Metaraționalism

Holkham Hall (începând cu 1734) – Norfolk, Anglia
Palladism

Hotel de Soubise (1737–1740) – Paris, Franța
Rococo

Hotelurile Disney (1987–1990) – Florida, SUA
Postmodernism

Hunstanton School (1949–1954) – Norfolk, Anglia
Brutalism

I

Il Gesu (1568–1584) – Roma, Italia
Pietism

Il Redentore (1576) – Veneția, Italia
Manierism

India Arch (1921–1931) – New Delhi, India
Imperialism

J

Janta Manta (1726–1734) – Jaipur, Rajahstan, India
Indism

John Deere, clădirea administrației (1957–1963) – Moline, Illinois, SUA
Corporatism

K

Karlskirche (1716) – Viena, Austria
Absolutism

Kings College Chapel (1446–1515) – Universitatea Cambridge, Anglia
Gotic scolastic

Kirby Hall (1570–1572) – Northamptonshire, Anglia
Clasicism regional

Kunsthistorisches Museum (1869) – Viena, Austria
Urbanism monumental

L

La Madeleine (1806) – Paris, Franța
Neoclasicism

Leicester University Engineering Building (1959–1963) – Leicester, Anglia
Funcționalism

Lever House (1952) – New York, SUA
Corporatism

Lloyds Building (1978–1986) – Londra, Anglia
Tehnologism

Loggia dei Lanzi (1376–1382) – Florența, Italia
Invenționism

Los Clubes (1967–1968) – Ciudad de Mexico, Mexic
Regionalism

Lovell Beach House (1925–1926) – Newport Beach, California, SUA
Usonianism

M

Machu Picchu (cca 1500) – (lângă) Cuzco, Peru
Arhitectură precolumbiană

Madinat-al-Zahra (936 d.Hr.) – (lângă) Cordoba, Spania
Islamism

Madonna di San Biagio (1519–1529) – Montepulciano, Italia
Idealism

Magazinul de bijuterii Schullin (1972–1974) – Viena, Austria
Postmodernism

Magazinul Universal Carson Pirie Scott (1899) – Chicago, Illinois, SUA
Arhitectură industrială decorativă

Marea moschee (706–715 d.Hr.) – Damasc, Siria
Islamism

Marele Templu al lui Amon (1530–323 î.Hr.) – Karnak, Egipt
Preclasicism

Marele Zid Chinezesc (214 î.Hr.) – China
Confucianism

Maritzhuis (1633–1635) – Haga, Olanda
Clasicism regional

Mausoleul lui Lenin (1924–1930) – Moscova, Rusia
Totalitarism

Mănăstirea La Tourette (1957–1960) – Eveux-sur-l'Arbresle, Franța
Brutalism

Mănăstirea Melk (1702–1714) – Melk, Austria
Rococo

Memorialul reginei Victoria (1901–1921) – Calcutta, India
Imperialism

Mohenjaro-Daro și Harappa (mijlocul mileniului III î.Hr.) – Valea râului Indus, India
Indism

Monticello (1769–1809) – Virginia, SUA
Palladism

Monumentul lui Vittorio Emmanuele II (1885–1911) – Roma, Italia
Urbanism monumental

Mormântul lui Humayun (1585) – Delhi, India
Indism

Moscheea Al-Aqsa (705 d.Hr.) – Ierusalim, Israel
Islamism

Moscheea Al-Azhar (970 d.Hr.) – Cairo, Egipt
Islamism

Moscheea Albastră (1610–1616) – Istanbul, Turcia
Islamism

Moscheea din Cordoba (785–987 d.Hr.) – Spania
Islamism

Muzeul Altes (1824–1828) – Berlin, Germania
Neoclasicism

Muzeul de Istorie Naturală (1854–1858) – Oxford, Anglia
Materialism

Muzeul Gandhi Ashram (1963) – Ahmedabad, India
Regionalism

Muzeul Guggenheim (1997) – Bilbao, Spania
Deconstructivism

N

Nagakin Capsule Tower (1972) – Tokio, Japonia
Metabolism

New Gourna (1948) – (lângă) Luxor, Egipt
Regionalism

Notre-Dame du Raincy (1922–1923) – Paris, Franța
Raționalism structural

O

Opera din Dresda (1838–1841) – Dresda, Germania
Urbanism monumental

Opera din Sydney (1956–1973) – Sydney, Australia
Expresionism

Opera Garnier (1861–1874) – Paris, Franța
Urbanism monumental

Orașul Cuzco (1450–1532) – Peru
Arhitectură precolumbiană

Orfelinatul din Amsterdam (1957–1960) – Amsterdam, Olanda
Structuralism

Oriel Chambers (1864–1865) – Liverpool, Anglia
Materialism

Ospedale degli Innocenti (1419–1424) – Florența, Italia
Invenționism

P

Paddington Station (1854) – Londra, Anglia
Materialism

Pagoda, Kew Gardens (1757–1762) – Londra, Anglia
Exotism

Pagoda de Sud, Fang-Shan (117 d.Hr.) – Hopei, China
Confucianism

Palatul Alhambra (1338–1390) – Granada, Spania
Islamism

Palatul de chihlimbar (1623–1668) – Rajahstan, India
Indism

Palatul de Iarnă (1754–1762) – Sankt Petersburg, Rusia
Absolutism

Palatul de Justiție (1866–1883) – Bruxelles, Belgia
Urbanism monumental

Palatul Dogilor (1309–1424) – Veneția, Italia
Gotic comercial

Palatul Fontainebleau (1568) – Seine-et-Marne, Franța
Clasicism regional

Palatul Imperial (1407–1420) – Orașul Interzis, Beijing, China
Confucianism

Palatul Laxmi Vilas (1881–1890) – Baroda, India
Imperialism

Palatul Luvru, fațada de est (1667) – Paris, Franța
Absolutism

Palatul regal din Caserta (1751) – Caserta, Italia
Absolutism

Palatul regelui Minos (înainte de 1400 î.Hr.) – Knossos, Creta, Grecia
Protoclasicism

Palatul Stoclet (1905–1911) – Bruxelles, Belgia
Arhitectură industrială decorativă

Palatul Zwinger (1711–1722) – Dresda, Germania
Rococo

Palazzo Chiericati (1549) – Vicenza, Italia
Manierism

Palazzo del Te (1525–1535) – Mantova, Italia
Manierism

Palazzo della Cancelleria (1486–1496) – Roma, Italia
Idealism

Palazzo Ducale (1444–1482) – Urbino, Italia
Umanism

Palazzo Massimo (1532–1536) – Roma, Italia
Manierism

Palazzo Medici (1444–1459) – Florența, Italia
Invenționism

Palazzo Rezzonico (1667) – Veneția, Italia
Baroc

Palazzo Rucellai (1446–1457) – Florența, Italia
Umanism

Palazzo Carignano (1679) – Torino, Italia
Baroc

Palm House, Kew Gardens (1849) – Londra, Anglia
Materialism

Panteon (începând cu 1756) – Paris, Franța
Neoclasicism

Pantheon (118–126 d.Hr.) – Roma, Italia
Clasicism roman

Parcul la Villette (1982–1993) – Paris, Franța
Deconstructivism

Parthenon (447–432 î.Hr.) – Atena, Grecia
Clasicism elen

Pavilionul Barcelona (1929) – Barcelona, Spania
Raționalism

Pavilionul chinezesc (1760) – Drottningholm, Suedia
Exotism

Petronas Towers (1998) – Kuala Lumpur, Indonezia
Arhitectura zgârie-norilor

Piața Covent Garden (1631) – Londra, Anglia
Urbanism georgian

Piazza d'Italia (1979) – New Orleans, Louisiana, SUA
Postmodernism

Piazza San Pietro (1656) – Roma, Italia
Baroc

Piramida Soarelui (cca 250 d.Hr.) – Teotihuacan, Mexic
Arhitectură precolumbiană

Piramidele de la Gizeh (cca 2631–2498 î.Hr.) – (lângă) Cairo, Egipt
Preclasicism

Piramidele faraonului Seneferu (Piramida Roșie și Piramida înclinată) (cca 2600 î.Hr.) – Dahshur, Egipt
Preclasicism

Place de la Concorde (1755) – Paris, Franța
Absolutism

Poarta „plutitoare" Torii, Sanctuarul Itsukushima Jinja (secolul XII) – Miyajima, Japonia
Shintoism

Poarta Ishtar (605–563 î.Hr.) – Babilon, Mesopotamia
Preclasicism

Poarta Leilor (cca 1250 î.Hr.) – Micene, Grecia
Protoclasicism

Poarta Soarelui (cca 1000–1200) – Tiahuanaco, Peru
Arhitectură precolumbiană

Portcullis House (1989–2000) – Londra, Anglia
Ecologism

Porte Dauphine (intrare la metrou) (1900) – Paris, Franța
Arhitectură industrială decorativă

Q

Qubbat Al-Sakhra (Domul stâncii) (684 d.Hr.) – Ierusalim, Israel
Islamism

Qutb Minar (1199) – Delhi, India
Indism

R

RCA Building (1931–1940) – Rockefeller Center, New York, SUA
Arhitectura zgârie-norilor

Reședința viceregelui (1912–1930) – New Delhi, India
Imperialism

Regent's Park (începând cu 1811) – Londra, Anglia
Urbanism georgian

Robie House (1909) – Chicago, Illinois, SUA
Antiurbanism

Roma EUR (1937–1942) – Roma, Italia
Totalitarism

Royal Crescent (1767–1771) – Bath, Anglia
Urbanism georgian

Royal Pavilion (1815–1823) – Brighton, Anglia
Exotism

S, Ș

Sacsayhuaman (cca 1475) – Peru
Arhitectură precolumbiană

Sainsbury Centre (1978) – University of East Anglia, Norwich, Anglia
Tehnologism

Sainte Chapelle (1243–1248) – Paris, Franța
Gotic scolastic

Salina regală (1775–1779) – Arc-et-Senans, Franța
Sublim

Salon pentru micul dejun, Muzeul „Sir John Soane" (1812) – Londra, Anglia
Sublim

San Carlo alle Quattro Fontane (1633–1667) – Roma, Italia
Baroc

San Giacomo degli Incurabili (1590) – Roma, Italia
Pietism

San Giorgio Maggiore (1566) – Veneția, Italia
Manierism

San Giovanni Battista (1960–1963) – Florența, Italia
Expresionism

San Lorenzo (1421–1440) – Florența, Italia
Invenționism

San Sebastiano (1459) – Mantova, Italia
Umanism

Sanctuarul Kasuga (începând cu 768 d.Hr.) – Nara, Japonia
Shintoism

Sanctuarul shintoist de la Kamiji-Yama (701 d.Hr.) – Ise, Japonia
Shintoism

Sant' Andrea (1472–1494) – Mantova, Italia
Umanism

Sant' Andrea al Quirinale (1658–1670) – Roma, Italia
Baroc

Sant Ivo della Sapienza (1642–1660) – Roma, Italia
Baroc

Santa Maria della Pace (fațada de vest și piața) (1656–1657) – Roma, Italia
Baroc

Santa Maria delle Carceri (1485) – Prato, Italia
Idealism

Santa Maria delle Grazie (1492–1497) – Milano, Italia
Umanism

Santa Maria Novella (fațada) (1456–1470) – Florența, Italia
Umanism

Santo Stefano Rotondo (468–483 d.Hr.) – Roma, Italia
Clasicism creștin

Schaulager Foundation (2003) – Basel, Elveția
Metaraționalism

Schroder House (1924–1925) – Utrecht, Olanda
Raționalism

Seagram Building (1954–1958) – New York, SUA
Arhitectura zgârie-norilor

Secretariat Buildings (1912–1930) – New Delhi, India
Imperialism

Sediul central al Johnson Wax (1936–1939) – Racine, Wisconsin, SUA
Corporatism

Sezincote (1803–1815) – Gloucestershire, Anglia
Exotism

Sfânta Sofia (532–537 d.Hr.) – Istanbul, Turcia
Clasicism creștin

Sfinxul (cca 2800 î.Hr.) – Gizeh, Egipt
Preclasicism

Sheldonian Theatre
(1664–1669) – Oxford,
Anglia
Empirism anglican

Sky House (1959) – Tokio,
Japonia
Metabolism

St. Augustine's
(1846–1851) – Ramsgate,
Anglia
Medievalism

St. Jean de Montmartre
(1897–1905) – Paris,
Franța
Raționalism structural

St. Pancras Station
(1863–1865) – Londra,
Anglia
Arhitectură victoriană

St. Paul's Church
(1631–1633) – Covent
Garden, Londra,
Anglia
Urbanism georgian

St. Stephen Walbrook
(1672–1687) – Londra,
Anglia
Empirism anglican

Stația de pompare, Isle of Dogs (1988) –
Londra, Anglia
Postmodernism

Staatsgalerie (1977–1984) –
Stuttgart, Germania
Postmodernism

Stația de feribot Yokohama
(2002) – Japonia
Metaraționalism

Stockley Park (1990) –
Londra, Anglia
Ecologism

Stourhead (1721–1724) –
Wiltshire, Anglia
Palladism

Sugden House (1955–1956) –
Watford, Anglia
Brutalism

Școala Montessori
(1966–1970) – Delft,
Olanda
Structuralism

Școala secundară
(1972–1977) – Morbio
Inferiore, Elveția
Neoraționalism

T

Taj Mahal (1630–1653) –
Agra, India
Indism

Teatrul Segesta
(secolul III î.Hr.) – Sicilia,
Italia
Clasicism elen

Tempietto (1502–1510) –
Roma, Italia
Umanism

Templele de la Agrigento
(510–430 î.Hr.) – Sicilia,
Italia
Clasicism elen

Templele de la Khajuraho
(sfârșitul secolului XIX –
secolul XI) – India
Indo-khmerism

Templele de la Tikal
(cca 500 d.Hr.) –
Guatemala
Arhitectură precolumbiană

Templul Cerurilor (1420) –
Beijing, China
Confucianism

Templul din Luxor
(1408–1300 î.Hr.) –
Egipt
Preclasicism

Templul Preah Ko (cca
880 d.Hr.) – Angkor,
Cambodgia
Indo-khmerism

Templul Rajarajeshvara
(sfârșitul secolului IX –
secolul XI) – India
Indo-khmerism

Templul Segesta (424–416
î.Hr.) – Sicilia, Italia
Clasicism elen

Templul Superga
(1715–1727) – Torino,
Italia
Baroc

Templul Tanjavur
(secolul IX – secolul XIII
d.Hr.) – India
Indo-khmerism

Termele lui Caracalla
(211–217 d. Hr.) – Roma,
Italia
Clasicism roman

Terminalul TWA
(1958–1962) – Aeroportul
JFK, New York, SUA
Expresionism

Tezaurul lui Atreu (cca
1300–1200 î. Hr.) –
Micene, Grecia
Protoclasicism

The Crystal Palace (1851) –
Londra, Anglia
Materialism

Thesion (Hephaestion)
(449–444 î.Hr.) – Atena,
Grecia
Clasicism elen

Tods Store (2004) – Tokio,
Japonia
Metaraționalism

Torre Velasca (1954–1958) –
Milano, Italia
Regionalism

Trafalgar Square (1840) –
Londra, Anglia
Urbanism monumental

Turnul Einstein
(1917–1921) – Potsdam,
Germania
Expresionism

Turnul Sony (1976) – Osaka,
Japonia
Metabolism

Turnul Swiss Re (cunoscut
și ca „The Gherkin")
(2004) – Londra,
Anglia
Ecologism

U

Union Buildings
(1909–1912) –
Pretoria, Africa de Sud
Imperialism

Unity Temple (1905–1907) –
Oak Park, Chicago,
Illinois, SUA
Funcționalism

Universitatea Liberă
(1963–1979) – Berlin,
Germania
Structuralism

Universitatea Lomonosov
(1947–1952) –
Moscova, Rusia
Totalitarism

Universitatea Rissho
(1967–1968) – Kumagaya,
Japonia
Metabolism

Universitatea Virginia
(1817–1826) –
Charlottesville, Virginia,
SUA
Neoclasicism

V

Vierzehnheiligen
(1743–1772) – Bavaria,
Germania
Rococo

Vila imperială (1620) –
Katsura, Japonia
Shintoism

Vila lui Hadrian
(124 d.Hr.) – Tivoli,
Italia
Clasicism roman

Villa Savoye (1929–1931) –
Poissy, Franța
Purism

Villa Seurat (1925–1926) –
Paris, Franța
Purism

Vitra (1994) –
Weil-am-Rhein,
Germania
Deconstructivism

W

Waldbuhl House
(1907–1911) – Uzwil,
Elveția
Antiurbanism

Wexner Center (1990) –
Universitatea Ohio,
Athens, Ohio, SUA
Deconstructivism

Y

Yale University Art & Architecture Building
(1958–1964) – New Haven,
Connecticut
Brutalism

Z

Zigguratul și incinta religioasă din cetatea Ur
(reconstruite în 2125 î.Hr.) –
Mesopotamia

860–880, Lake Shore Drive
(1950–1951) – Chicago,
Illinois, SUA
Arhitectura zgârie-norilor

A

AALTO, Alvar (1898–1976)
Funcționalism

ADELCRANTZ, Carl Fredrik
(1716–1796)
Exotism

ADAM, Robert
(1728–1792)
Urbanism georgian

AGHA, Sedefkar Mehmet
(1550–1682)
Islamism

ALBERTI, Leon Battista
(1404–1472)
Umanism

B

BAILLIE SCOTT, Mackay
Hugh (1865–1945)
Antiurbanism

BAKEMA, Jacob
(1914–1981)
Structuralism

BAKER, Herber
(1862–1946)
Imperialism

BARRAGÀN, Luis
(1902–1988)
Regionalism

BARRY, Charles
(1795–1860)
Arhitectură victoriană;
Urbanism monumental

BATES, Don (1953–)
Metaraționalism

BAWA, Geoffrey
(1919–2003)
Regionalism

BAUTISTA, Francisco
(1594–1679)
Pietism

BEHNISCH, Günter (1922–)
Expresionism;
Deconstructivism

BEHRENS, Peter
(1868–1940)
Arhitectură industrială
decorativă; Expresionism

BERLAGE, Hendrick
(1856–1934)
Raționalism structural

BERNINI, Gianlorenzo
(1598–1680)
Baroc

BOFFRAND, Germain
(1667–1754)
Rococo

BORROMINI, Francesco
(1599–1667)
Baroc

BOTTA, Mario (1943–)
Neoraționalism

BOULLÉE, Etienne-Louis
(1728–1799)
Sublim

BRAMANTE, Donato
(1444–1514)
Umanism

BRUNEL, Isambard Kingdom
(1806–1859)
Materialism

BRUNELLESCHI, Filippo
(1377–1446)
Invenționism

BUCKMINSTER FULLER,
Richard (1895–1983)
Tehnologism

BUON, Giovanni și
Bartolomeo
Gotic comercial

BURGES, William
(1827–1881)
Medievalism

BURLINGTON, Lord
(1694–1753)
Palladism

BURNHAM, Daniel
(1846–1912)
Urbanism monumental;
Arhitectura zgârie-norilor

BURTON, Decimus
(1800–1881)
Materialism

BUTTERFIELD, William
(1814–1900)
Medievalism; Arhitectură
victoriană

C

CAMPBELL, Colen
(1673–1729)
Palladism

CANDILIS, Georges
(1913–1995)
Structuralism

CHALGRIN, Jean-François
Thérèse (1739–1811)
Urbanism monumental

CHAMBERS, William
(1723–1796)
Exotism

CHISHOLM, Robert
(1840–1915)
Imperialism

COCKERELL, Samuel Pepys
(1754–1827)
Exotism

COOK, Peter (1936–)
Tehnologism

CORREA, Charles (1930–)
Regionalism

CRONSTEDT, Carl Johan
(1709–1777)
Exotism

CULLINAN, Edward (1933–)
Ecologism

D

DA BIBIENA, Giuseppe Galli
(1696–1757)
Rococo

DA CORTONA, Domenico
(1495–1549)
Clasicism regional

DA CORTONA, Pietro
(1596–1669)
Baroc

DANCE, George (cel Bătrân)
(1695–1768)
Urbanism georgian

DANCE, George (cel Tânăr)
(1741–1825)
Urbanism georgian;
Sublim

DA SANGALLO, Antonio
(cel Bătrân și cel Tânăr:
1455–1534, 1485–1546)
Idealism

DA SANGALLO, Giuliano
(1445–1516)
Idealism

DAVIDSON, Peter (1955–)
Metaraționalism

DA VINCI, Leonardo
(1452–1519)
Invenționism

DE ARCINIEGA, Claudio
(1527–1593)
Pietism

DE BAUDOT, Anatole
(1836–1915)
Raționalism structural

DE HERRARA, Juan
(1530–1597)
Pietism

DE KLERK, Michel
(1884–1923)
Expresionism

DE LA VALLEE, Simon
(1590–1642)
Clasicism regional

DE L'ORME, Philibert
(1510–1570)
Clasicism regional

DELLA PORTA, Giacomo
(1537–1602)
Pietism

DE MEURON, Pierre (1950)
Metaraționalism

DE TOLEDO, Juan Bautista
(1567)
Pietism

DE VRIES, Nathalie (1965–)
Metaraționalism

DI BARTOLOMMEO,
Michelozzo (1396–1472)
Invenționism

DIENTZENHOFER, Johann
(1689–1751)
Rococo

DURAND, Jean Nicolas Louis
(1760–1834)
Raționalism structural

E

EAMES, Charles
(1907–1978)
Tehnologism

EAMES, Ray (1912–1988)
Tehnologism

EISENMAN, Peter (1932–)
Deconstructivism

ELLIS, Peter (1804–1884)
Materialism

EMERSON, William (1843–1921) Imperialism

ENSHU, Kobori (1579–1647) Shintoism

ERSKINE, Ralph (1913–1995) Structuralism

EVELYN, John (1620–1706) Empirism anglican

F

FARRELL, Terry (1938–) Postmodernism

FATHY, Hassan (1900–1989) Regionalism

FILARETE, Antonio (cca 1400–1469) Idealism

FISCHER, Johann Michael (1692–1766) Rococo

FLITCROFT, Henry (1697–1769) Palladism

FONTANA, Domenico (1543–1607) Pietism

FOSTER, Norman (1935–) Tehnologism; Ecologism

G

GABRIEL, Jacques-Ange (1698–1782) Absolutism

GARNIER, Charles (1825–1898) Urbanism monumental

GAUDÍ, Antonio (1852–1926) Arhitectură industrială decorativă

GEHRY, Frank (1929–) Deconstructivism

GHIBERTI, Lorenzo (1378–1455) Invenționism

GIBBS, James (1682–1754) Empirism anglican

GOFF, Bruce (1904–1982) Usonianism; Regionalism

GONDOIN, Jacques (1737–1818) Neoclasicism

GOWAN, James (1923–) Funcționalism; Brutalism

GRAVES, Michael (1934–) Postmodernism

GREENE, Charles (1868–1957) Usonianism

GREENE, Henry (1870–1954) Usonianism

GRIMSHAW, Nicholas (1938–) Tehnologism

GROPIUS, Walter (1883–1969) Raționalism

GUARINI, Guarino (1624–1683) Baroc

GUIMARD, Hector (1867–1942) Arhitectură industrială decorativă

H

HADID, Zaha (1950–) Deconstructivism

HÄRING, Hugo (1882–1958) Funcționalism

HARRISON, Wallace (1895–1981) Arhitectura zgârie-norilor

HAUSSMANN, Eugene (1809–1891) Urbanism monumental

HAVLÍCEK, Josef (1899–1961) Purism

HAWKSMOOR, Nicholas (1661–1736) Empirism anglican

HERRON, Ron (1930–1994) Tehnologism

HERTZBERGER, Herman (1932–) Structuralism

HERZOG, Jacques (1950) Metaraționalism

HOBAN, James (1732–1831) Neoclasicism

HOFFMANN, Josef (1870–1956) Arhitectură industrială decorativă

HOLL, Steven (1947–) Metaraționalism

HOLLAND, Henry (1745–1806) Palladism

HOLLEIN, Hans (1934–) Postmodernism

HONZIK, Karel (1900–1966) Purism

HOOD, Raymond (1881–1934) Arhitectura zgârie-norilor

HOPKINS, Michael (1935–) Tehnologism; Ecologism

HORTA, Victor (1861–1947) Arhitectură industrială decorativă

I

IOFAN, Boris (1891–1976) Totalitarism

ISOZAKI, Arato (1931–) Metabolism; Postmodernism

ITO, Toyo (1941–) Metaraționalism

J

JACOB, Swinton (1841–1917) Imperialism

JEFFERSON, Thomas (1743–1826) Palladism; Neoclasicism

JENNEY, William Le Baron (1832–1907) Arhitectura zgârie-norilor

JOHNSON, Philip (1906–2005) Corporatism; Raționalism

JONES, Inigo (1573–1652) Urbanism georgian

JOSIC, Alexis (1921–) Structuralism

JUVARRA, Filippo (1678–1736) Baroc

K

KAHN, Albert (1869–1942) Usonianism; Corporatism

KAHN, Louis (1901–1974) Usonianism; Brutalism

KENT, William (1685–1748) Palladism

KIKUTAKE, Kiyonori (1928–) Metabolism

KOOLHAAS, Rem (1944–) Metaraționalism

KRIER, Leon (1946–) Postmodernism

KUROKAWA, Kisho (1934–) Metabolism

L

LABROUSTE, Henri (1801–1875) Raționalism structural

LATROBE, Benjamin (1764–1820) Neoclasicism

LAUGIER, Marc-Antoine (1713–1769) Neoclasicism

LAURANA, Luciano (1420–1479) Umanism

LE CORBUSIER (1887–1965) Purism; Raționalism; Brutalism; Metabolism

LEDOUX, Claude-Nicolas (1736–1806) Sublim

LEONIDOV, Ivan
(1902–1959)
Constructivism

LESCAZE, William
(1896–1969)
Usonianism

LETHABY, William
(1857–1931)
Arhitectură industrială decorativă

LE VAU, Louis (1612–1670)
Absolutism

LEVERTON, Thomas
(1743–1824)
Urbanism georgian

LIBESKIND, Daniel (1946–)
Metaraționalism

LONGHENA, Baldassare
(1598–1682)
Baroc

LUBETKIN, Berthold
(1901–1990)
Purism

LURÇAT, Andre
(1894–1970)
Purism

LUTYENS, Edwin
(1869–1944)
Antiurbanism; Imperialism

M

MAAS, Winy (1959–)
Metaraționalism

MAKI, Fumihiko (1928–)
Metabolism

MANSART, François
(1598–1666)
Clasicism regional

MANT, Charles
(1839–1881)
Imperialism

MATHER, Rick (1937–)
Ecologism

MAY, Ernst (1886–1970)
Raționalism

MAYBECK, Bernard
(1862–1957)
Usonianism

MELNIKOV, Konstantin
(1890–1974)
Constructivism

MENDELSOHN, Erich
(1887–1953)
Expresionism

MEYER, Hannes
(1889–1954)
Raționalism

MICHELANGELO
(1475–1564)
Manierism

MIES VAN DER ROHE, Ludwig (1886–1969)
Raționalism; Expresionism; Arhitectura zgârie-norilor; Corporatism

MICHELUCCI, Giovanni
(1891–1990)
Expresionism

MILIUTIN, Nikolai
(1889–1942)
Constructivism

MOORE, Charles
(1925–1994)
Postmodernism

MOUSSAVI, Farshid (1965–)
Metaraționalism

N

NASH, John (1752–1835)
Urbanism georgian; Exotism

NEUMANN, Balthasar
(1687–1753)
Rococo

NEUTRA, Richard
(1892–1970)
Usonianism

NIEMEYER, Oscar (1907–)
Regionalism

NOYES, Eliot (1910–1977)
Corporatism

O

OLBRICH, Josef Maria
(1867–1908)
Arhitectură industrială decorativă

OUD, Jacobus Johannes Pieter (1890–1963)
Raționalism

OUTRAM, John (1934–)
Postmodernism

P

PALLADIO, Andrea
(1508–1580)
Manierism

PARKER, Barry (1867–1941)
Antiurbanism

PAXTON, Joseph
(1801–1865)
Materialism

PEARSON, John Loughborough
(1817–1897)
Medievalism

PELLI, Cesar (1926–)
Arhitectura zgârie-norilor

PERRAULT, Claude
(1613–1688)
Absolutism

PERRET, August
(1874–1954)
Raționalism structural

PERUZZI, Baldassare
(1481–1536)
Manierism

PIACENTINI, Marcello
(1881–1960)
Totalitarism

PIANO, Renzo (1937–)
Tehnologism; Ecologism

POELART, Joseph
(1817–1879)
Urbanism monumental

POELZIG, Hans
(1869–1936)
Expresionism

PÖPPELMANN, Mathaüs
(1662–1736)
Rococo

PRANDTAUER, Jakob
(1660–1726)
Rococo

PRICE, Cedric
(1934–2003)
Tehnologism

PRIX, Wolf (1942–)
Deconstructivism

PUGIN, Augustus
(1812–1852)
Raționalism structural; Medievalism; Materialism; Arhitectură victoriană

R

RAINALDI, Carlo
(1611–1691)
Baroc

RASTRELLI, Bartolomeo
(1700–1771)
Absolutism

REWAL, Raj (1934–)
Regionalism

RIETVELD, Gerrit
(1888–1964)
Raționalism

RITCHIE, Ian (1947–)
Ecologism

ROGERS, Ernesto
(1909–1969)
Regionalism; Totalitarism

ROGERS, Richard (1933–)
Tehnologism

ROMANO, Giulio
(1499–1546)
Manierism

ROSSELLINO, Bernardo
(1409–1464)
Idealism

ROSSI, Aldo (1931–1997)
Neoraționalism

RUDOLPH, Paul
(1918–1997)
Brutalism

RUDNEV, Lev (1885–1956)
Totalitarism

S

SAARINEN, Eero
(1910–1961)
Expresionism; Corporatism

SACCONI, Giuseppe
(1853–1905)
Urbanism monumental

SALVIN, Anthony
(1799–1881)
Arhitectură victoriană

SANMICHELI, Michele
(1484–1559)
Manierism

SANSOVINO, Jacopo
(1486–1570)
Manierism

SCHAROUN, Hans (1893–1972)
Funcționalism

SCHINDLER, Rudolph (1887–1953)
Usonianism

SCHINKEL, Karl Friedrich (1780–1841)
Neoclasicism

SCOTT, George Gilbert (1811–1877)
Arhitectură victoriană

SCOTT BROWN, Denise (1931–)
Postmodernism

SEMPER, Gottfried (1803–1879)
Raționalism structural; Urbanism monumental

SERLIO, Sebastiano (1475–1554)
Clasicism regional

SHAW, Norman (1831–1912)
Antiurbanism

SHCHUSEV, Alexei (1873–1949)
Totalitarism

SIZA, Alvaro (1933–)
Neoraționalism

SKIDMORE, OWINGS & MERRILL
Corporatism

SMIRKE, Robert (1781–1867)
Neoclasicism

SMIRKE, Sydney (1798–1877)
Materialism

SMITHSON, Alison (1928–1993)
Brutalism

SMITHSON, John (m. 1630)
Clasicism regional

SMITHSON, Peter (1923–2003)
Brutalism

SMITHSON, Robert (cca1536–1614)
Clasicism regional

SOANE, John (1753–1837)
Sublim

SOUFFLOT, Jacques-Germain (1713–1780)
Neoclasicism

SPEER, Albert (1904–1981)
Totalitarism

STIRLING, James (1924–1992)
Funcționalism; Brutalism; Postmodernism

STREET, George Edmund (1824–1881)
Medievalism

STUBBINS, Hugh (1912–)
Arhitectura zgârie-norilor; Corporatism

SULLIVAN, Louis (1856–1924)
Arhitectură industrială decorativă; Funcționalism; Usonianism; Corporatism

SWICZINSKY, Helmut (1944–)
Deconstructivism

T

TANGE, Kenzo (1913–2005)
Metabolism

TATLIN, Vladimir (1885–1953)
Constructivism

TAUT, Bruno (1880–1938)
Expresionism

TERRAGNI, Giuseppe (1904–1943)
Totalitarism

THORPE, John (1565–1655)
Clasicism regional

TROOST, Paul (1879–1934)
Totalitarism

TSCHUMI, Bernard (1944–)
Deconstructivism

U

UNGERS, Oswald (1926–)
Neoraționalism

UNWIN, Raymond (1863–1940)
Antiurbanism

UTZON, Jørn (1918–)
Expresionism

V

VAN ALEN, William (1883–1954)
Arhitectura zgârie-norilor

VANBRUGH, John (1664–1726)
Empirism anglican

VAN CAMPEN, Jacob (1595–1657)
Clasicism regional

VAN DE VELDE, Henri (1863–1957)
Arhitectură industrială decorativă

VAN EYCK, Aldo (1918–1999)
Structuralism

VAN RIJS, Jacob (1964–)
Metaraționalism

VANVITELLI, Luigi (1700–1773)
Absolutism

VENTURI, Robert (1925–)
Postmodernism

VESNIN, Alexander (1883–1959)
Constructivism

VIGNOLA, Jacopo (1507–1573)
Pietism

VIGNON, Pierre (1762–1828)
Neoclasicism

VIOLLET-LE-DUC, Eugène (1814–1879)
Raționalism structural; Medievalism

VON ERLACH, Johann Fischer (1656–1723)
Absolutism

VON HILDEBRANDT, Lukas (1668–1745)
Rococo

VON KLENZE, Leo (1784–1864)
Neoclasicism

VOYSEY, Charles Francis Annesley (1857–1941)
Antiurbanism

W

WAGNER, Otto (1841–1918)
Arhitectură industrială decorativă

WATERHOUSE, Alfred (1830–1905)
Arhitectură victoriană

WEBB, Philip (1831–1915)
Antiurbanism

WILKINS, William (1778–1839)
Neoclasicism

WOOD, John (Elder) (1704–1754)
Urbanism georgian

WOOD, John (Younger) (1728–1781)
Urbanism georgian

WOODS, Shadrach (1923–1973)
Structuralism

WOODWARD, Benjamin (1816–1861)
Materialism

WREN, Christopher (1632–1723)
Empirism anglican

WRIGHT, Frank Lloyd (1867–1959)
Antiurbanism; Usonianism; Corporatism

WYATT, James (1747–1813)
Exotism

WYATT, Matthew Digby (1820–1877)
Materialism

Z

ZAERA-POLO, Alejandro (1963–)
Metaraționalism

AMPRENTĂ
Spațiul și forma pe care le are o construcție la sol, indiferent de înălțimea sau de forma etajelor superioare.

ANTABLAMENT
La clădirile clasice, partea de deasupra coloanelor și de sub acoperiș, unde se găsesc majoritatea elementelor decorative.

ARC
Una dintre formele arhitecturale fundamentale, un arc poate fi rotunjit sau ascuțit (adică, alcătuit din curbe care nu sunt continue). Marele avantaj al acestei forme constă în posibilitatea creării de deschideri.

ARCADĂ/GALERIE
Inițial un spațiu caracterizat printr-un șir de arcade, acum are sensul de pasaj pietonal acoperit, cu magazine.

ARHITECT
Semnificația acestui termen a suferit modificări de-a lungul istoriei. Primul arhitect consemnat a fost marele preot Imhotep, care a folosit pentru prima dată piatra ca material de construcție și care, ulterior, a fost zeificat. În Evul Mediu, termenul se referea în general la Dumnezeu, creatorul universului. Acum, în lumea industrializată, el este o persoană care are anumite studii și experiență profesională în domeniu, deși mai există și semnificațiile anterioare.

ARHITRAVĂ
Cadru din jurul unei uși sau al unei ferestre care deseori acoperă zonele nefinisate de la îmbinări.

ARTE ȘI MEȘTEȘUGURI
Termen aplicat unui grup de arhitecți în majoritate britanici de la sfârșitul secolului XIX și începutul secolului XX, adepți ai ideilor lui William Morris și, ulterior, ale lui John Ruskin, care considerau că, în fapt, calitatea artei derivă din îndemânare și din plăcerea meșteșugului.

ATRIUM
În latină, desemna o curte neacoperită, împrejmuită de ziduri (în cadrul unei clădiri). Ulterior a căpătat sensul de spațiu în interiorul unei construcții multietajate (hotel sau clădire de birouri), cu acoperiș de sticlă.

AXĂ
Literal, linie dreaptă, aplicată în arhitectură și în planificare urbană pentru traseele drepte între camere și clădiri. Deseori asociată în expresii desemnând puterea în relațiile dintre instituții și reprezentanții acestora.

AXONOMETRIE
Metodă de proiectare utilă mai ales pentru reprezentarea volumelor, populară printre arhitecții moderniști. Planul este întors la 45°, trasându-se linii verticale cu direcționare în sus. Lipsa perspectivei poate da distorsiuni.

BAZILICĂ
La început, o sală mare de întâlniri sau cu rol administrativ în clădirile romane. Forma a fost preluată de creștini ca model pentru biserici. O bazilică tipică este alungită și împărțită pe lungime în trei spații. Cel central (nava) este de obicei mai înalt și mai larg decât cele exterioare.

BOLTĂ
Acoperiș din cărămidă sau piatră al unei clădiri, realizat pe principiul arcului, dar extins pentru a căpăta un volum semicircular. În principal se referă la arhitectura gotică, unde arcul este mai degrabă ascuțit decât rotund și alcătuit din segmente, spațiul dintre ele fiind umplut cu piatră. Poate fi foarte elaborată, cu rol decorativ.

BRISE SOLEIL
Parasolare, deseori sculptate în beton, având de obicei o justificare funcțională la clădirile moderniste.

CADRU
Scheletul unei structuri, de obicei din lemn, dar care, făcut din oțel sau beton, poate susține clădiri mult mai mari.

CANELURĂ
Adâncitură curbă, de suprafață, tăiată într-o coloană sau un pilon care creează umbre și alte efecte optice.

CAPITEL
Parte superioară a unei coloane, de obicei mai lată decât aceasta și deseori acoperită cu decorațiuni.

CIAM
Congrès Internationale d'Architecture Moderne, organism înființat după conferința de la La Sarraz, Elveția, în 1928. Urmărea definirea modernismului mai ales pe baza principiilor lui Le Corbusier și ale secretarului său, Sigfried Giedion, până când a fost contestat de Team X, în anii 1950.

CLADDING
Panou sau structură fixată pe exteriorul unui zid sau pe o construcție, care nu are rezistență internă. Această abordare poate fi găsită în arhitectura indigenă, dar a devenit comună la clădirile cu cadru de lemn de la sfârșitul secolului XIX încoace.

CLIENT (COMANDITAR)
Persoană sau organism care comandă și, în general, își asumă responsabilitatea financiară pentru costurile de construcție și care poate spera să-și recupereze investiția sau să scoată un profit.

COLOANĂ
Coloană solidă care nu trebuie să se supună proporțiilor sau ornamentațiilor clasice.

COLONADĂ
Șir de coloane care susțin un zid, un antablament sau arcade.

CONSOLĂ
Element de piatră prins de un zid pentru a susține bârnele sau acoperișul de deasupra. Mai multe console pot alcătui un portal care, în unele forme arhitecturale, substituie o boltă.

CONTRAFIȘĂ
Proiecție orizontală fixată numai la un capăt.

CONTRAFORT
Stâlp din zidărie care sprijină un perete pentru a-i oferi o rezistență mai mare.

CORNIȘĂ
Proiecție în exterior aflată în partea superioară a unei clădiri clasice, o caracteristică notabilă a palatelor Renașterii florentine.

CULOAR / INTERVAL
Inițial, un spațiu mai îngust creat dintr-unul mai mare printr-un șir de coloane sau stâlpi. De obicei, într-o biserică există o navă centrală cu un culoar de fiecare parte.

CURTE PĂTRATĂ
Curte mărginită din patru laturi. Fiecare latură poate fi formată de o colonadă sau de o arcadă.

DOM
Formă structurală bazată pe geometria curbă. Curbele pot fi continue sau rupte în segmente, dar au o forță inerentă care permite deschideri largi.

EDICUL
Literal, „casă mică" – un spațiu în general mic, cu coloane și acoperiș, inclus într-un spațiu mai mare.

ENTASIS
Mărirea diametrului unei coloane clasice grecești, care ajunge la nivel maxim la o treime din înălțime și care corectează iluzia optică provocată de muchiile verticale.

FLEȘĂ
Terminație înaltă, ascuțită a unui turn sau a unui alt element vertical.

FOAIER
Intrarea unei clădiri care poate avea un rol arhitectural și social important într-o instituție publică mare.

FRONTON
Element triunghiular dintr-un acoperiș, încadrat de două planuri înclinate.

GLASVAND
Peretele unei clădiri sau o parte a lui alcătuit în principal din sticlă.

ICOANĂ
În sens restrâns, o imagine menită să inspire devoțiune religioasă. Termenul se aplică în sens larg, în cazul construcțiilor al căror design exuberant și extrovertit deseori capătă o importanță mai mare decât rolul, programul sau contextul în care a fost realizat, scopul fiind obținerea unui impact șocant sau memorabil.

IT
Tehnologia informației a căpătat un rol tot mai important în arhitectura clădirilor datorită realismului cu care proiectele pot fi create și puse în practică, precum și a rapidității cu care pot fi calculate diferitele forme structurale.

IZOMETRIE
Formă de proiectare bazată pe un plan, dar distorsionată pentru a se evita discrepanțele aparente ale axonometriei.

JUNK SPACE
Termen inventat de Rem Koolhaas pentru a descrie spațiul nediferențiat din marile construcții urbane, cum ar fi centrele comerciale și sălile de expoziții.

LUCARNĂ
Fereastră în perete aflată la înălțime, deseori folosită în biserici sau în tribunale unde privitul pe geam ar putea fi considerat nepotrivit.

MEZANIN
Etaj intermediar, deseori mai mic ca suprafață, care dă spre etajul inferior.

MODERNISM
Fără îndoială mișcarea dominantă în artă, inclusiv în arhitectură, de la începutul secolului XX, dar dificil de definit. O temă comună a tendințelor lui diferite, deseori contradictorii, e răsturnarea convențiilor artistice și culturale și instituirea unei reevaluări permanente a țelurilor, conținutului și scopului artei.

NAVĂ
Spațiu dintr-o biserică (catolică) aflat între intrarea principală (deseori la capătul de est) și suportul în cruce. Este flancată de obicei de culoare mai înguste.

ORAȘ IDEAL
O idee importantă în arhitectura renascentistă – credința că arhitectura bine organizată și armonioasă ar putea reflecta ordinea și armonia cosmosului, precum și structura societății omenești stabilită de divinitate.

ORDIN
Ordinele sunt elementul fundamental al arhitecturii clasice și depozitarele culturii intelectuale ale acesteia. Fiecare dintre cele trei ordine principale – doric, ionic și corintic – are propriile reguli care guvernează proporțiile și elementele decorative.

PANOU
Element de finisare a unui perete, de obicei o componentă modulară care nu are rol de susținere, montat într-un sistem de perete-cortină și susținut de un cadru.

PARAPET
Porțiune a unui perete care ajunge deasupra jgheabului acoperișului pentru a le masca pe amândouă.

PERISTIL
Șir de coloane care înconjoară o curte sau un templu.

PIANO NOBILE
Literal, „etaj nobil" – de aici, etajul principal al unei clădiri clasice, aflat deasupra fundației și sub pod sau acoperiș.

PIAZZA
Spațiu public deschis dintr-un oraș, deseori asociat cu o biserică sau o instituție civilă importantă.

PILASTRU
Coloană încastrată într-un zid, deseori cu rol decorativ, caracteristică ordinului clasic.

PILOȚI
Coloane lipsite de ornamente, fără entasis. Folosiți în arhitectura modernistă pentru a înălța clădirea de pe sol, pentru ca aceasta să nu stea în calea elementelor naturii.

PITORESC
Literal, „în maniera unei picturi", dar a căpătat un înțeles specific la sfârșitul secolului XVIII, cu referință la potențialul naturii neîmblânzite de a evoca senzația de sublim.

PODIUM
Fundament pe care este așezată clădirea.

POLICROMIE
Literal, „multicolor". Termenul a devenit interesant în jurul anului 1800, când a izbucnit controversa legată de

folosirea culorii de către grecii antici la ornamentarea clădirilor.

PORTIC INTERIOR
Spațiu acoperit care dă spre o grădină sau spre o curte interioară. Deseori asociat cu intimitatea și contemplația, ca de exemplu într-o mănăstire.

PORTIC
Spațiu mărginit de unul sau mai multe șiruri de coloane sub un fronton triunghiular, alcătuind un vestibul sau un spațiu intermediar între exterior și interior.

PREFABRICARE
Proces prin care elementele unei clădiri, uneori chiar clădiri întregi sau părți din ele sunt fabricate în altă parte și asamblate la fața locului. Un vis al unor arhitecți moderniști privind asocierea cu industria care nu s-a dovedit a avea mare succes, dar care a înregistrat un reviriment în ultimul timp.

PROFIL JUMĂTATE ROTUND
Formă geometrică ovoidală tridimensională care, datorită faptului că este descriptibilă în termeni matematici, este ușor de construit, astfel mărindu-se gama construibilă de forme complexe.

PROSTIL
Șir de coloane independente, similar unui portic, așezate, de regulă, la intrare.

REȚEA DE CABLURI
O structură ușoară pe post de acoperiș, care acoperă în mod economic suprafețe mari. Rețeaua de cabluri este supusă tensiunii pentru a căpăta cea mai eficientă formă, calculată de computer.

RUSTICIZARE
Termen prin care este desemnată realizarea unor proeminențe din zidărie, deseori găsite la baza clădirilor clasice, care sugerează o legătură între pământul brut și rafinamentul deosebit al detaliilor clasice de deasupra.

SCHELET
Structura de bază și incinta unei clădiri de birouri înainte de a fi realizată conform specificațiilor. Sau o membrană subțire, de obicei din beton, într-o formă care îi dă o forță structurală astfel încât se poate susține singură.

SCHIȚE / DESENE ORTOGONALE
Schițe în două dimensiuni care prezintă o „felie" dintr-o clădire, fie verticală (secțiune sau elevație), fie orizontală (plan). Ele au devenit normă în timpul Renașterii și reprezintă un element de bază al modului în care arhitecții oferă instrucțiuni constructorilor. Prin folosirea umbrelor sunt prezentate formele în relief.

SECȚIUNEA DE AUR
Una dintre cele mai cunoscute proporții (1:1:618) folosite în arhitectura clasică și în alte mișcări bazate pe matematică. Odinioară se credea că are proprietăți divine sau mistice pe care puțini arhitecți contemporani le mai recunosc acum, dar fără îndoială reprezenta o metodă de a crea proporții elegante.

SIMBOLISM
Metodă vizuală care face referire la o idee sau la un sistem de idei. Decorațiunile arhitectonice sunt de multe ori simbolice și se pot referi numai la rolul sau scopul clădirii. De asemenea, poate face referire la un program ideologic diferit. Ocazional, simbolismul arhitectural poate face legătura între rolul prozaic al unei clădiri și concepte culturale mai largi.

SISTEMATIZARE
Politică urbanistică modernistă, acum foarte contestată, prin care, în general din motive de sănătate și de ideologie, instituțiile care aveau un scop comun erau plasate în anumite zone ale orașului. Astfel locuințele, industria, comerțul etc. erau separate unele de altele.

SPACE TIME
Expresie inventată de Sigfried Giedion, multă vreme secretar al CIAM, pentru a descrie presupusa simultaneitate a experienței în arhitectura modernistă a lui Le Corbusier, Walter Gropius etc., care echivala modernismul cu teoria relativității a lui Einstein și cu pictura cubistă.

STÂLP
Element structural vertical, care de multe ori susține o greutate substanțială, cum ar fi o cupolă elaborată sau un dom.

STUC
Ipsos tare folosit de obicei pentru a modela elemente caracteristice pietrei sculptate, dar considerabil mai ieftin.

SUPORT ÎN CRUCE
Locul de intersecție a navei și a transepturilor într-o biserică.

TEAM X
Grup de tineri arhitecți care au contestat prima oară, în anii 1930, și apoi au dus la desființarea CIAM și a definiției prescriptive a acestuia privind arhitectura modernă.

TEHNOLOGIA EMERGENȚEI
Tehnică sofisticată din domeniul IT prin care, din aceiași parametri de bază, se pot obține rezultate diferite.

TRANSEPT
Proeminență aflată de fiecare parte a navei (naosului) într-o biserică, alcătuind o axă perpendiculară minoră pe axa principală de la ușa de vest la altar.

VERNACULAR
Arhitectură indigenă care folosește materiale locale și tehnici tradiționale. A evoluat de-a lungul unei lungi perioade de timp, deseori fiind strâns corelată cu structura socială a societății constructorului.

VOLUTĂ
Ornament în formă de spirală, caracteristic capitelurilor coloanelor ionice. Într-o formă simplificată se găsește și în capitelurile coloanelor corintice.

ZIGURAT
Piramidă în trepte, precursoare a marilor piramide din Egiptul antic. Se găsește și în Mesopotamia, și în America Centrală.

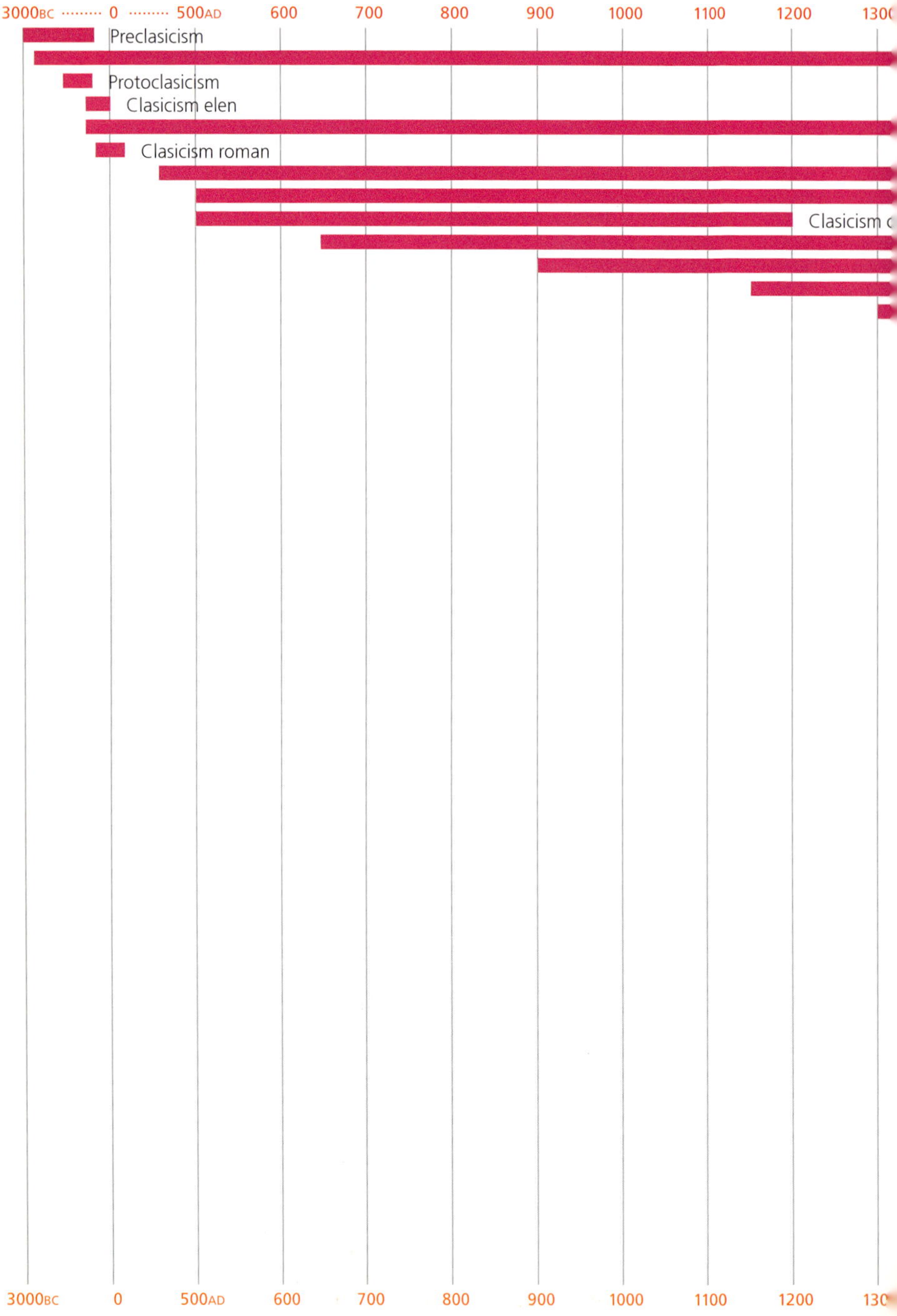
3000BC
0
500AD
600
700
800
900
1000
1100
1200
1300
Preclasicism
Protoclasicism
Clasicism elen
Clasicism roman
Clasicism c
3000BC
0
500AD
600
700
800
900
1000
1100
1200
130

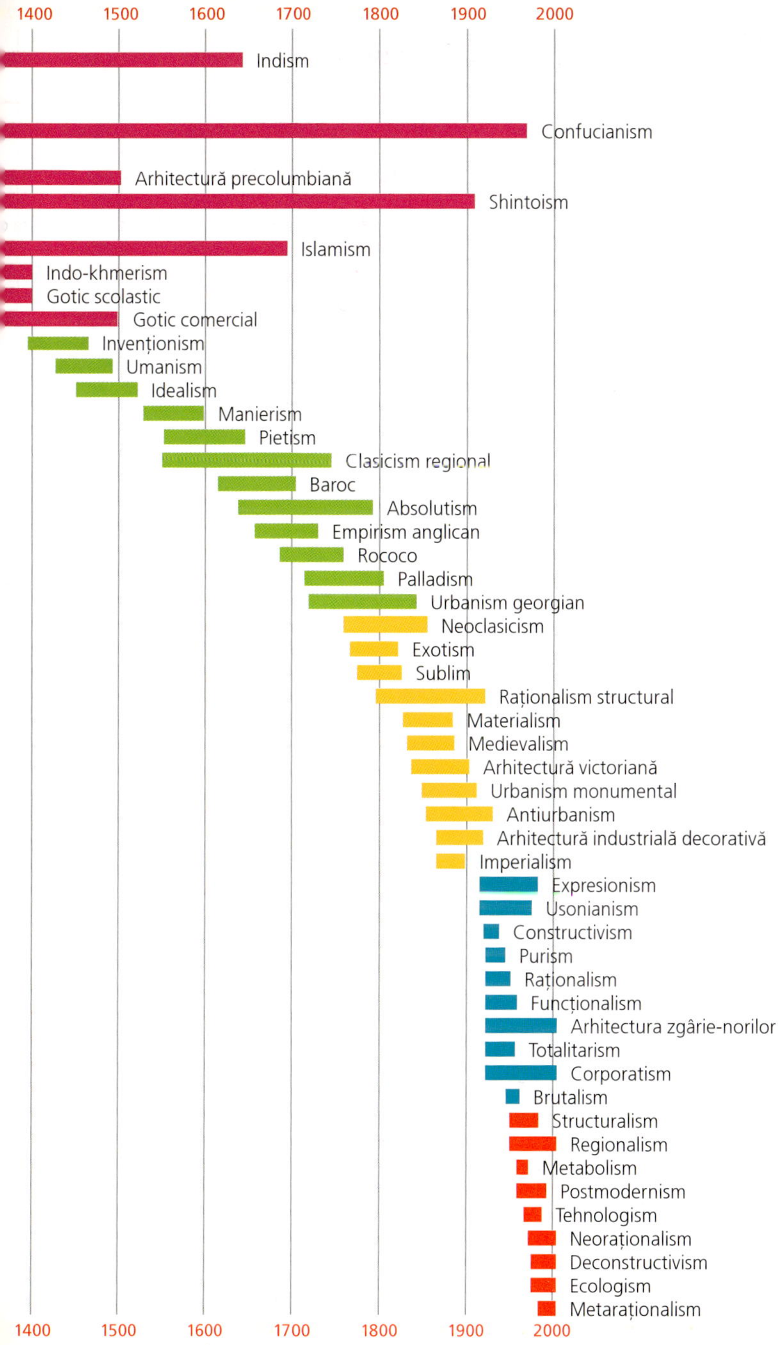
1400
1500
1600
1700
1800
1900
2000
Indism
Confucianism
Arhitectură precolumbiană
Shintoism
Islamism
Indo-khmerism
Gotic scolastic
Gotic comercial
Invenționism
Umanism
Idealism
Manierism
Pietism
Clasicism regional
Baroc
Absolutism
Empirism anglican
Rococo
Palladism
Urbanism georgian
Neoclasicism
Exotism
Sublim
Raționalism structural
Materialism
Medievalism
Arhitectură victoriană
Urbanism monumental
Antiurbanism
Arhitectură industrială decorativă
Imperialism
Expresionism
Usonianism
Constructivism
Purism
Raționalism
Funcționalism
Arhitectura zgârie-norilor
Totalitarism
Corporatism
Brutalism
Structuralism
Regionalism
Metabolism
Postmodernism
Tehnologism
Neoraționalism
Deconstructivism
Ecologism
Metaraționalism
1400
1500
1600
1700
1800
1900
2000

AFRICA DE SUD
PRETORIA: Imperialism

ANGLIA
CAMBRIDGE: Gotic scolastic; Structuralism; Tehnologism
EDINBURGH: Urbanism georgian
LONDRA: Empirism anglican; Antiurbanism; Brutalism; Clasicism creștin; Ecologism; Exotism; Urbanism georgian; Gotic scolastic; Materialism; Medievalism; Urbanism monumental; Neoclasicism; Palladism; Postmodernism; Purism; Sublim; Tehnologism; Arhitectură victoriană
OXFORD: Empirism anglican; Materialism; Arhitectură victoriană

AUSTRALIA
CANBERRA: Antiurbanism
MELBOURNE: Metaraționalism
SYDNEY: Expresionism

AUSTRIA
VIENA: Absolutism; Deconstructivism; Arhitectură industrială decorativă; Urbanism monumental; Postmodernism; Rococo

BELGIA
BRUXELLES: Arhitectură industrială decorativă; Urbanism monumental

BRAZILIA
RIO DE JANEIRO: Regionalism

CAMBODGIA
ANGKOR: Indo-khmerism

CANADA
MONTREAL: Tehnologism

CHINA
BEIJING: Confucianism
HONG KONG: Arhitectura zgârie-norilor

EGIPT
CAIRO: Islamism
GIZEH: Preclasicism

ELVEȚIA
BASEL: Metaraționalism

FINLANDA
HELSINKI: Funcționalism

FRANȚA
PARIS: Absolutism; Deconstructivism; Arhitectură industrială decorativă; Gotic scolastic; Urbanism monumental; Neoclasicism; Purism; Rococo; Raționalism structural; Sublim; Tehnologism

GERMANIA
BERLIN: Funcționalism; Metaraționalism; Neoclasicism; Raționalism; Structuralism; Totalitarism

GRECIA
ATENA: Clasicism elen
CRETA: Protoclasicism

GUATEMALA
TIKAL: Arhitectură precolumbiană

INDIA
DELHI: Indism; Islamism
NEW DELHI: Antiurbanism

ISRAEL
IERUSALIM: Islamism

ITALIA
FLORENȚA: Expresionism; Umanism; Invenționism; Manierism
MILANO: Umanism; Neoraționalism; Regionalism; Totalitarism
ROMA: Baroc; Clasicism creștin; Umanism; Idealism; Manierism; Urbanism monumental; Pietism; Clasicism roman; Totalitarism
VENEȚIA: Baroc; Clasicism creștin; Gotic comercial; Manierism

JAPONIA
KATSURA: Shintoism
TOKIO: Metabolism; Metaraționalism; Arhitectura zgârie-norilor

MALAYSIA
KUALA LUMPUR: Arhitectura zgârie-norilor

MEXIC
CIUDAD DE MEXICO: Pietism; Regionalism
TEOTIHUACAN: Arhitectura precolumbiană

NOUA CALEDONIE
NOUMÉA: Ecologism

OLANDA
AMSTERDAM: Expresionism; Metaraționalism; Structuralism; Raționalism structural
HAGA: Clasicism regional

PERU
CUZCO: Arhitectură precolumbiană

POLONIA
VARȘOVIA: Totalitarism

PORTUGALIA
PORTO: Neoraționalism

REPUBLICA CEHĂ
PRAGA: Purism

RUSIA
MOSCOVA: Clasicism creștin; Constructivism; Totalitarism
SANKT PETERSBURG: Absolutism; Sublim

SPANIA
BARCELONA: Arhitectura industrială decorativă; Raționalism
BILBAO: Deconstructivism
CORDOBA: Islamism
MADRID: Pietism

STATELE UNITE ALE AMERICII
BALTIMORE: Neoclasicism
CHICAGO: Arhitectură industrială decorativă; Funcționalism; Urbanism monumental; Arhitectura zgârie-norilor; Arhitectură victoriană
LOS ANGELES: Tehnologism; Usonianism
NEW ORLEANS: Postmodernism
NEW YORK: Corporatism; Expresionism; Arhitectura zgârie-norilor
PHILADELPHIA: Postmodernism; Usonianism
WASHINGTON: Neoclasicism

SUEDIA
DROTTNINGHOLM: Exotism
STOCKHOLM: Clasicism regional

TURCIA
ISTANBUL: Clasicism creștin; Islamism

UKRAINA
DNIEPROSTROI: Constructivism

pp. 2, 40, 46, 55 & 108 © Angelo Hornak/CORBIS
pp. 10 & 14 © Ted Streshinsky/Corbis
p. 12 © Nik Wheeler/CORBIS
p. 13 © Roger Ressmeyer/CORBIS
p. 15 © Pallava Bagla/CORBIS
p. 16 © Roger Wood/CORBIS
pp. 17, 53 & 56 © Scala, Florence
pp. 18–19 © Charles O'Rear/CORBIS
pp. 20–21 © Macduff Everton/CORBIS
p. 22 © Keren Su/CORBIS
p. 23 © Joseph Sohm, ChromoSohm Inc/CORBIS
pp. 24 & 32 © Archivo Iconografico, SA/CORBIS
pp. 25 & 142 © Werner Forman/CORBIS
p. 27 © Craig Lovell/CORBIS
pp. 28–29 © ML Sinibald/CORBIS
p. 30 ©Jon Hicks/CORBIS
p. 31 © Sakamoto Photo Research Laboratory/CORBIS
pp. 33 & 75 © Patrick Ward/CORBIS
pp. 34, 79 & 89 © Paul Almasy/CORBIS
p. 35 © Rose Hartman/CORBIS
pp. 36 & 90 © Tibor Bognár/CORBIS
p. 37 © Charles & Josette Lenars/CORBIS
pp. 38 & 73 © Robert Holmes/CORBIS
p. 39 © Richard List/CORBIS
pp. 41, 65, 80 & 85 © Michael Nicholson/CORBIS
p. 42 © Araldo de Luca/CORBIS
p. 44 © Jim Zuckerman/CORBIS
p. 45 © Alinari Archives/CORBIS
pp. 47, 49 & 52 © Vanni Archive/CORBIS
p. 48 © José F Poblete/CORBIS
p. 51 © Carmen Rodondo/CORBIS
p. 54 © Paul Hardy/CORBIS
p. 57 © Donald Corner & Jenny Young /GreatBuildings.com
pp. 58–59 & 64 © Gregor M Schmid/CORBIS
pp. 60–61 & 92 © Bridgeman Art Library, London
pp. 62, 70 & 81 © Alen MacWeeney/CORBIS
p. 63 © Jose Fuste Raga/CORBIS
p. 66 © Eric Crichton/CORBIS
pp. 67 & 86 © Michael Boys/CORBIS
pp. 68–69 © London Aerial Photo Library/CORBIS
p. 69 © Philippa Lewis, Edifice/CORBIS
p. 72 © Reinhard Goerner/Artur/VIEW
pp. 74–75 © Roger Antrobus/CORBIS
pp. 76 & 84 © Gillian Darley, Edifice/CORBIS
pp. 77, 106 & 118 © Dennis Gilbert/VIEW
p. 78 © Sergio Pitamitz/CORBIS
p. 82 © Humphrey Evans, Cordaiy Photo Library Ltd/CORBIS
p. 83 © Richard Turpin/arcaid.co.uk
p. 87 © Ann S Dean, Brighton
p. 88 © Kevin Fleming/CORBIS
p. 91 © David Ball/CORBIS
pp. 94–95 © Brendan Ryan, Gallo Images/CORBIS
pp. 96 & 107 © Adam Woolfitt/CORBIS
p. 98 © Jochen Helle/Artur/VIEW
p. 99 © L Clarke/CORBIS
p. 101 © colecție privată/Bridgeman Art Library
p. 102 © Chris Gascoigne/VIEW
p. 103 © Edifice/CORBIS
pp. 104, 123, 131 & 133 © Richard Bryant/arcaid.co.uk
p. 105 © Manfred Vollmer/CORBIS
p. 109 © So Hing-Keung/CORBIS
p. 110 © Klaus Frahm/Artur/VIEW
p. 111 © Alex Bartel/arcaid.co.uk
pp. 112 & 115 © Farrell Grehan/CORBIS
p. 113 © Jeff Goldberg/ESTO
pp. 116–17 © Bettmann/CORBIS
p. 119 © Thomas A Heinz/CORBIS
pp. 120 & 136 © Philip Bier/VIEW
p. 124 © Bill Tingey/Arcaid
p. 125 © Michael S Yamashita/CORBIS
pp. 126–27 © Richard Rogers Partnership
pp. 128–29 © Grant Smith/VIEW
pp. 130–31 © Reuters/CORBIS
p. 132 © Matt Wargo
p. 134 © Wolfgang Schwater/Artur/VIEW
p. 135 © Roland Halbe/Artur/VIEW
p. 137 © Hélène Binet
pp. 138–39 © John Gollings
p. 139 © Ian Ritchie Architects
p. 140 © Edmund Sumner/VIEW
p. 141 © Paul Raftery/VIEW.

Coperta I (de la stânga la dreapta, de sus în jos)
© Charles O'Rear/CORBIS
© Farrell Grehan/CORBIS
© Gillian Darley, Edifice/CORBIS
© Edmund Sumner/VIEW
© Jim Zuckerman/CORBIS
© L Clarke/CORBIS
© Roger Ressmeyer/CORBIS
© Richard Rogers Partnership
© Paul Almasy/CORBIS
© Pallava Bagla/CORBIS
© Donald Corner & Jenny Young/GreatBuildings.com
© Matt Wargo
© Angelo Hornak/CORBIS
© ML Sinibald/CORBIS
© Philip Bier/VIEW

Editor:
David Breuer

Designer:
Isambard Thomas

Cercetare iconografică:
Caroline Ellerby

Descrierea CIP a Bibliotecii
Naţionale a României
MELVIN, JEREMY
...isme: să înţelegem stilurile
arhitecturale / Jeremy Melvin
trad.: Ioana Didac. – Bucureşti:
Enciclopedia RAO, 2006
Index
ISBN (10) 973-717-075-X;
ISBN (13) 978-973-717-075-0
I. Didac, Ioana (trad.)
72

Grupul Editorial RAO
Str. Turda 117-119, bl. 6, parter,
sector 1, Bucureşti
e-mail: office@raobooks.com
www.raobooks.com
www.rao.ro

Traducere din limba engleză:
Ioana Didac

ISBN (10) 973-717-075-X;
ISBN (13) 978-973-717-075-0

Ilustraţia copertei – detalii

Parthenon, Atena (pp. 18–19)

Sediul central al Johnson Wax, Racine, Wisconsin (p. 115)

Muzeul Guggenheim, Bilbao, Spania (p. 136)

Magazinul Tods, Tokio (p. 140)

Bazilica Santa Maria del Fiore (Catedrala din Florenţa) (p. 44)

Opera din Sydney (p. 99)

Marile Piramide, Gizeh, lângă Cairo (p. 13)

Centrul Georges Pompidou, Paris (pp. 126–127)

Intrare la metrou, Porte Dauphine, Paris (p. 89)

Taj Mahal, Agra (p. 15)

San Carlo alle Quattro Fontane, Roma (p. 57)

Casa Vanna Venturi, Chestnut Hill, Philadelphia (p. 132)

Palatul Dogilor, Veneţia (p. 40)

Templul 1, Tikal, Guatemala (pp. 28–29)

Colegiul Keble, Universitatea Oxford, Anglia (p. 84)